MATEMÁTICA FINANCEIRA E ESTATÍSTICA

para o Exame de Suficiência do CFC

Bacharel em Ciências Contábeis

EDITORA AFILIADA

O livro é a porta que se abre para a realização do homem.

Jair Lot Vieira

Gerson José Leite Bezerra da Silva

MATEMÁTICA FINANCEIRA E ESTATÍSTICA

PARA O
EXAME DE SUFICIÊNCIA
DO CFC
PARA BACHAREL EM CIÊNCIAS CONTÁBEIS

- CONSELHO FEDERAL DE CONTABILIDADE
- Elaborado de acordo com a Resolução nº 1373, de 14 de dezembro de 2011, do Conselho Federal de Contabilidade

MATEMÁTICA FINANCEIRA E ESTATÍSTICA
para o Exame de Suficiência do CFC
Gerson José Leite Bezerra da Silva

1ª edição 2012

© desta edição: Edipro Edições Profissionais Ltda. – CNPJ nº 47.640.982/0001-40

Editores:	Jair Lot Vieira e Maíra Lot Vieira Micales
Produção editorial:	Murilo Oliveira de Castro Coelho
Revisão:	Tatiana Tanaka
Arte:	Karina Tenório e Danielle Mariotin

Dados de Catalogação na Fonte (CIP) Internacional
(Câmara Brasileira do Livro, SP, Brasil)

Silva, Gerson José Leite Bezerra da
  Matemática financeira e estatística para o exame de suficiência : elaborado de acordo com a resolução nº 1373, de 14 de dezembro de 2011, do Conselho Federal de Contabilidade / Gerson José Leite Bezerra da Silva. -- São Paulo : EDIPRO, 2012. -- (Coleção exame de suficiência : bacharel em ciências contábeis)

  Bibliografia.
  ISBN 978-85-7283-793-4

  1. Contabilidade 2. Estatística - Exames, questões etc 3. Matemática financeira - Exames, questões etc I. Título. II. Série.

11-11192	CDD-657

Índices para catálogo sistemático:
1. Contabilidade : Exame de suficiência 657
2. Exame de suficiência : Contabilidade 657

edições profissionais ltda.
São Paulo: Fone (11) 3107-4788 – Fax (11) 3107-4061
Bauru: Fone (14) 3234-4121 – Fax (14) 3234-4122
www.edipro.com.br

"Feliz o homem que acha sabedoria e o homem que adquire conhecimento; porque melhor é o lucro que ela dá do que o da prata, e melhor a sua renda do que o ouro mais fino."

(Provérbios 3, 13-14)

Sumário

Apresentação 15

parte 1 **Matemática Financeira**
capítulo 1 **Conceitos gerais**
  1.1. Matemática financeira 19
  1.2. Conceitos sobre juro, capital,
    montante e taxa de juros 19
  1.3. Juro exato e juro comercial 20
  1.4. Quanto ao regime de capitalização 21

capítulo 2 **Capitalização simples**
  Exercícios 23

capítulo 3 **Capitalização composta**
  Exercícios 53

capítulo 4 **Taxas equivalente, proporcional,
    nominal e efetiva**
  4.1. Taxas equivalente e proporcional 81
  4.2. Taxas nominal e efetiva 82
  Exercícios 82

8 MATEMÁTICA FINANCEIRA E ESTATÍSTICA

capítulo 5 Descontos

5.1. Desconto por dentro (ou racional) 85
Exercícios 85
5.2. Desconto simples bancário ou comercial 87
Exercícios 88
5.3. Desconto com despesas bancárias 92
Exercício 93
5.4. Desconto composto 94
Exercícios 94

capítulo 6 Séries de pagamentos

6.1. Anuidades postecipadas 99
Exercícios 99
6.2. Anuidades antecipadas 116
Exercícios 116
6.3. Anuidades diferidas 123
Exercícios 123
6.4. Anuidades variáveis 131
Exercícios 131

capítulo 7 Correção monetária e inflação

7.1. Índices de atualização, variação e inflação 139
Exercícios 139

capítulo 8 Taxa de juros nominal, real e depósito com correção monetária

Exercícios 147

capítulo 9 Sistemas de amortização

9.1. Tabela *Price* (ou sistema de amortização francês) 153
Exercícios 153
9.2. Sistema de Amortização Constante − SAC 162

Sumário **9**

Exercícios 162
9.3. Sistema de Amortização Crescente – SACRE 169
Exercício 169

capítulo 10 **Análise de investimento**

10.1. Taxa Mínima de Atratividade (TMA) 174
10.2. Métodos de análise de investimento 175
10.2.1. Valor presente 175
10.2.1.1. Valor Presente Líquido (VPL) 175
Exercícios 175
10.3. Custo anual 178
Exercícios 178
10.4. Taxa Interna de Retorno (TIR) 180
Exercícios 181
10.4.1. Nota 185
10.5. PAYBACK (período de recuperação de investimento) 185
Exercícios 186

parte 2 **Estatística**
capítulo 1 **Estatística**

1.1. Conceito 191
1.2. Distribuição de frequência 191
1.2.1. Dados brutos 191
1.2.2. Rol 192
1.2.3. Amplitude da Amostra (AA) 192
1.2.4. Amplitude Total da distribuição (AT) 193
1.2.5. Frequência absoluta ou simples (f_i) 193
1.2.6. Frequência Relativa ou Proporção $(f_i r)$ 193
1.2.7. Frequência acumulada $(f_i ac)$ 194
1.2.8. Frequência acumulada relativa $(f_i rac)$ 194
1.2.9. Amplitude do intervalo de classe (h_i) 194
1.2.10. Ponto médio da classe (x_i) 194
1.2.11. Cálculo do número de classes (k) 195

10 MATEMÁTICA FINANCEIRA E ESTATÍSTICA

1.2.12. Determinação da amplitude do intervalo de classe (h_i)..195
1.2.13. Tabela de distribuição de frequência 195
Exercício..196
1.2.14. Histograma 197
1.2.15. Polígono de frequência 198

capítulo 2 Descrição de dados

2.1. Média aritmética 199
Exercícios 199
2.2. Média ponderada 200
Exercícios 201
2.3. Média geométrica (x_g)...202
Exercício 202
2.4. Moda...203
Exemplos 203
2.5. Mediana (md) 203
Exercícios 204
2.6. Mediana (md) para distribuição de
frequência com intervalos de classe 205
Exercício 206
2.7. Quartis 206
Exercícios 207
2.7.1. Cálculo de quartis em distribuição
de frequência com intervalo de classe.............................208
2.7.1.1. Nota 208
Exercício 209
2.8. Os decis 210
Exercício 210
2.8.1. Cálculo de decis em distribuição de
frequência com intervalo de classe 210
2.8.1.1. Nota 211
Exercícios 211
2.9. Percentis em distribuição de
frequência com intervalo de classe.............................213

Sumário 11

Exercício...213
2.10. Desvio médio.................................214
2.11. Variância.......................................215
2.12. Desvio-padrão...............................215
2.13. Coeficiente de variação...................215
Exercícios...216

capítulo 3 **Probabilidades**

3.1. Eventos independentes......................223
Exercícios...224
3.2. Eventos dependentes........................225
Exercício..225
3.3. Eventos mutuamente exclusivos.........225
Exercícios...226
3.4. Probabilidade condicional.................227
Exercício..227
3.5. Valor esperado................................227
Exercício..228
3.6. Distribuição discreta de probabilidade...228
Exercício..229
3.7. Distribuição contínua de probabilidade...230
3.8. Distribuição binomial.......................230
Exercício..231
3.9. Análise combinatória........................232
Exercícios...232
3.10. Variáveis aleatórias.........................233
Exercícios...234

capítulo 4 **Regressão e correlação**

4.1. Teoria da correlação.........................237
4.2. Correlação linear e não linear............237
4.3. Coeficiente de correlação...............238
Exercício..238

12 MATEMÁTICA FINANCEIRA E ESTATÍSTICA

4.4. Regressão linear 240
4.4.1. Nota 240
4.5. Medidas de regressão e intervalos de previsão 242
4.5.1. Mínimos quadrados 242
4.5.1.1. Nota 242
Exercício 243
4.5.2. Variação total 245
4.5.3. Variação explicada 245
4.5.4. Variação não explicada 246
4.5.5. Coeficiente de determinação 247
4.5.6. Erro-padrão de estimativa (s_e) 248
4.6. Regressão múltipla 249
4.7. Análise de regressão e correlação 250
4.7.1. Análise de regressão 251
4.7.2. Análise de correlação 251

capítulo 5 Números-índice

5.1. Conceito 253
5.2. Construção de índices simples e compostos 254
Exercícios 254
5.2.1. Construção de índice simples (relativa à quantidade) 255
Exercício 255
5.2.2. Construção de índice simples (relativa a valor) 256
Exercício 256
5.3. Índice agregativo ponderado 257
Exercício 257
5.4. Mudança de base de um número-índice 259
5.5. Índice de preço ao consumidor 261
Exercício 262
5.5.1. Nota 263
5.6. Deflação de dados 263

capítulo 6 Teoria da amostragem

6.1. Conceito 265
6.2. Objetivo da amostragem 265

Sumário 13

6.2.1. Amostra 265
6.2.2. População 265
6.2.3. Amostra aleatória 266
6.3. Valor esperado 266
6.4. Testes de hipóteses 266
6.4.1. Teste de diferenças de médias 266
6.4.2. "Teste z" de duas amostras para verificar a diferença entre médias 266
Exercícios 267
6.5. Determinação do tamanho da amostra 268
Exercícios 269
6.6. Teste qui quadrado 271
6.6.1. Hipóteses a serem testadas 272
6.6.2. Aplicação 273
6.6.3. A tomada de decisão é feita comparando-se os dois valores de x^2 273
Exercício 273
6.6.3.1. Nota 274
6.6.4. Usando a tabela 275
6.7. Distribuição "T" Student 275
Exercícios 276
6.8. Aproximação normal para distribuição binomial 278
6.9. Propriedades de um experimento binomial 278
6.9.1. Nota 278
Exercícios 279
6.10. Distribuição F 279
6.10.1. Propriedades 280
Exemplo 280
6.11. Teste de diferença entre variância 281
Exercícios 282

Referências 287

Apresentação

Este livro destina-se aos bacharéis e técnicos em contabilidade que pretendem preparar-se e participar do Exame de Suficiência do Conselho Federal de Contabilidade, bem como àqueles que desejam obter conhecimentos em matemática financeira e estatística.

Procuramos apresentar os tópicos exigidos nas avaliações por meio de conceitos, exemplos e exercícios resolvidos, de maneira clara, objetiva e prática, sem fugir do rigor necessário dos cálculos matemáticos, conforme a exigência das avaliações dessas disciplinas.

Em matemática financeira, foram abordados: capitalizações simples e compostas, taxa de juros, descontos simples e compostos, fluxo de caixa e suas diversas implicações, correção monetária e inflação, variação de índices, sistemas de amortizações, análise de investimentos, valor presente líquido, taxa interna de retorno e payback.

Em estatística, tivemos a preocupação de discorrer nos tópicos de distribuição de frequência, medidas de posição e dispersão, probabilidades, regressão e correlação, números índices, teoria de amostragem e testes de hipóteses.

Além das resoluções claras e objetivas dos exemplos e dos exercícios, fomos diligentes nas demonstrações gráficas, nas tabelas e nas exposições das fórmulas, visando facilitar a compreensão.

16 MATEMÁTICA FINANCEIRA E ESTATÍSTICA

Esperamos oferecer aos prezados leitores um instrumento útil para o aprendizado da matemática financeira e da estatística.

Aproveitamos desde já para agradecer a você, que está utilizando este livro, e a todos que, de alguma forma, contribuíram para sua realização.

Estamos dispostos e solícitos a ouvir pareceres e sugestões para maior aperfeiçoamento deste trabalho.

Parte 1
Matemática Financeira

capítulo · 1

Conceitos gerais

1.1. MATEMÁTICA FINANCEIRA

A matemática financeira se preocupa com o estudo das variações monetárias e seus movimentos em momentos diferentes. Basicamente, se reflete nas entrada e saída de recursos financeiros, o fluxo de caixa. Esse entendimento é de grande importância para compreensão das operações de matemática financeira, nas quais se pode ter uma visão clara do capital com relação ao tempo.

1.2. CONCEITOS SOBRE JURO, CAPITAL, MONTANTE E TAXA DE JUROS

- **Juro:** é a remuneração de um capital emprestado, podendo ser entendido, de forma simplista, como o aluguel pago pelo dinheiro emprestado. Ao se dispor a emprestar, o credor do dinheiro deve avaliar a taxa de remuneração que incidirá sobre o valor a ser emprestado e estar atento aos seguintes fatores:
- **Capital:** sob o ponto de vista da matemática financeira, é qualquer valor expresso em moeda corrente disponível em determinado tempo.

20 MATEMÁTICA FINANCEIRA E ESTATÍSTICA

- **Montante:** é a soma do capital mais o juro (rendimentos) obtido em relação ao período aplicado.

- **Taxa de juros:** é o coeficiente que determina o valor do juro, isto é, a remuneração do fator capital utilizado durante certo período de tempo. As taxas de juros se referem sempre a uma unidade de tempo (dia, mês, semestre e ano etc.) e podem ser representadas equivalentemente por duas maneiras: taxa percentual e taxa unitária.

- **Taxa percentual:** refere-se aos "centos" do capital, ou seja, o valor dos juros para cada centésima parte do capital. Uma ilustração para melhor compreender: quanto rende de juros um capital de R$ 500,00, aplicado a 30% ao ano, ao final deste período:

  juros = R$ 500,00 / 100 × 30

  juros = R$ 5,00 × 30

  juros = R$ 150,00

O capital de R$ 500,00 tem cinco centos. Como cada um deles rende 30, a remuneração total da aplicação no período é, portanto, de R$ 150,00.

- **Taxa unitária:** agora vamos fazer por unidade de capital aplicada, em que 30% ao ano tem um rendimento de 0,20 (20% / 100), ou seja:

  juros = R$ 500,00 × 30 / 100

  juros = R$ 500,00 × 0,30

  juros = R$ 150,00

O processo de transformação da taxa percentual em unitária é simples: basta dividir a notação em percentual por 100. Para a transformação inversa, basta multiplicar a taxa unitária por 100.

1.3. JURO EXATO E JURO COMERCIAL

Muito comum nas operações de curto prazo, nas quais predominam as aplicações com taxas tipicamente em juros simples, com

Capítulo 1 – Conceitos gerais **21**

o prazo definido em número de dias. Eles podem ser calculados de dois modos:

a) No tempo exato, usa-se efetivamente o calendário do ano civil (365). Dessa forma, denomina-se de juro exato.

b) Já no ano comercial, admite-se o mês com 30 dias e o ano com 360 dias. Logo, este critério de apuração recebe o nome de juro comercial ou ordinário.

Por exemplo, 20% ao ano equivalem, pelos critérios enunciados, à taxa diária de:

- juro exato: 20 / 365 dias = 0,054794521%
- juro comercial: 20 / 360 dias = 0,055555555%

Nesse exemplo, o juro comercial diário é ligeiramente superior ao exato pelo menor número de dias considerado no intervalo de tempo.

1.4. QUANTO AO REGIME DE CAPITALIZAÇÃO

Existem dois métodos de capitalização de dinheiro: o regime linear (ou simples) e o regime exponencial (ou composto). A taxa simples é pouco utilizada pelo mercado financeiro — sua aplicação é mais provável em curto prazo. O sistema composto é o mais utilizado, devido à sua forma de apuração — juro integralizado ao capital — assim o montante passa a ser o capital.

capítulo · 2

Capitalização simples

A capitalização simples é aquela em que a taxa de juros incide somente sobre o capital inicial; não incide, pois, sobre os juros acumulados. Neste regime de capitalização, a taxa varia linearmente em função do tempo, ou seja, se quisermos converter a taxa diária em mensal, basta multiplicarmos a taxa diária por 30; se desejarmos uma taxa anual, tendo a mensal, basta multiplicarmos esta por 12, e assim por diante.

EXERCÍCIOS:

01. Determine a taxa mensal proporcional de juros de:

a) 6,4% ao quadrimestre;
b) 12,4% ao semestre;
c) 112,4% ao ano;
d) 56,76% ao biênio;
e) 14,4% ao ano.

Solução:

a) 6,4 / 4 = 1,6% ao mês.
b) 12,4 / 6 = 2,07% ao mês.
c) 112,4 / 12 = 9,37% ao mês.

24 MATEMÁTICA FINANCEIRA E ESTATÍSTICA

d) $56,76 / 24 = 2,37\%$ ao mês.

e) $14,4 / 12 = 1,2\%$ ao mês.

02. Calcular a taxa de juros trimestral proporcional a:

a) 168% ao ano;

b) 25,2% ao quadrimestre;

c) 3,5% ao mês.

Solução:

a) $168 / 4 = 42\%$ ao trimestre.

b) $25,2 / 4 \times 3 = 18,9\%$ ao trimestre.

c) $3,5 \times 3 = 10,5\%$ ao trimestre.

03. Calcular a taxa de juros simples anual proporcional às seguintes taxas:

a) 3,5% ao mês;

b) 48% ao quadrimestre;

c) 40% para 5 meses.

Solução:

a) $3,5 \times 12 = 42\%$ ao ano.

b) $48 \times 3 = 144\%$ ao ano.

c) $40 / 5 \times 12 = 96\%$ ao ano.

04. Calcule o valor do juro referente a uma aplicação financeira de R$ 17.000,00, que rende 36% de taxa nominal ao ano, durante o período de 2 anos e 8 meses.

Solução:

Primeiro passo: transformar a taxa de 36% ao ano em taxa mensal, e o período anual em mensal.

Capítulo 2 – Capitalização simples **25**

Onde: J = juros; C = capital; i = taxa; n = período

i = 36% / 12 = 3% ao mês

n = 2 anos e 8 meses = 32 meses

Segundo passo:

Juro = capital × taxa × período

J = C × i × n

J = R$ 17.000,00 × 0,03 × 32

J = R$ 16.320,00

05. **Calcular o montante de R$ 65.000,00, aplicado por:**

a) 6 meses à taxa linear de 3,5% ao mês;

b) 8 meses à taxa linear de 12,5% ao semestre;

c) 2 anos e 6 meses à taxa linear de 24% ao ano.

Solução:

a) C = R$ 65.000,00

i = 3,5% ao mês

n = 6 meses

Montante (M) = ?

M = C × (1 + i × n)

M = R$ 65.000,00 × (1 + 0,035 × 6)

M = R$ 65.000,00 × (1 + 0,21)

M = R$ 65.000,00 × (1,21)

M = R$ 78.650,00

b) Primeiro vamos transformar a taxa semestral em mensal.

i = 12,5% / 6 = 2,083333333% ao mês

n = 8 meses

M = ?

M = C × (1 + i × n)

M = R$ 65.000,00 × (1 + 0,020833333 × 8)

M = R$ 65.000,00 × (1 + 0,16666666)

26 MATEMÁTICA FINANCEIRA E ESTATÍSTICA

$$M = R\$ 65.000,00 \times (1,16666666)$$
$$M = R\$ 75.833,33$$

c) Onde o período (n) = 2,5 anos

$$i = 24\% \text{ ao ano}$$
$$M = ?$$
$$M = C \times (1 + i \times n)$$
$$M = R\$ 65.000,00 \times (1 + 0,24 \times 2,5)$$
$$M = R\$ 65.000,00 \times (1 + 0,6)$$
$$M = R\$ 65.000,00 \times 1,6$$
$$M = R\$ 104.000,00$$

06. Determine o valor futuro (montante) e os juros de uma aplicação de R$ 300.000,00, por 21 meses, utilizando uma taxa linear de 36% ao ano.

Solução:

$$i = 36\% \text{ ao ano } / 12 = 3\% \text{ ao mês}$$
$$n = 21 \text{ meses}$$
$$C = R\$ 300.000,00$$
$$M = ?$$

Primeiro passo: calcular o montante (M).

$$M = C \times (1 + i \times n)$$
$$M = R\$ 300.000,00 \times (1 + 0,03 \times 21)$$
$$M = R\$ 300.000,00 \times (1 + 0,63)$$
$$M = R\$ 300.000,00 \times (1,63)$$
$$M = R\$ 489.000,00$$

Segundo passo: encontrar o valor dos juros desta transação.

$$M = C + J \Rightarrow J = M - C$$
$$J = R\$ 489.000,00 - R\$ 300.000,00$$
$$J = R\$ 189.000,00$$

Capítulo 2 – Capitalização simples **27**

07. (TÉCNICO – 1º/2011) Um capital de R$ 5.000,00 foi aplicado por cinco meses, rendendo durante o período juros de R$ 300,00. Em relação a essa operação, é CORRETO afirmar que a taxa de juros foi de:

a) 6,0% a.a., considerando-se o método linear.

b) 6,0% a.a., considerando-se o método exponencial.

c) 14,4% a.a., considerando-se o método linear.

d) 14,4% a.a., considerando-se o método exponencial.

Solução:

Essa aplicação foi feita no regime de capitalização simples, logo:
$J = C \times i \times n$
R$ 300,00 = R$ 5.000,00 $\times i \times 5$
R$ 300,00 = R$ 25.000,00 $\times i$
i = R$ 300,00 / R$ 25.000,00
$i = 0,012$
Multiplicando por 100, temos:
$i = 0,012 \times 100 = 1,2\%$ ao mês
Agora é só multiplicar por 12 (meses):
$i = 1,2\% \times 12 = 14,4\%$ ao ano, considerando o método linear

Resposta: letra c.

08. Qual o valor de uma aplicação que produz R$ 28.000,00 de rendimento no regime de capitalização simples, a uma taxa de 3,5% ao mês, pelo prazo de:

a) 45 dias.

b) 60 dias;

c) 4 meses e 20 dias;

d) 2 anos, 5 meses e 15 dias.

Solução:

a) $n = 45$ dias = 1,5 (1 mês e meio)
$i = 3,5\%$ ao mês

28 MATEMÁTICA FINANCEIRA E ESTATÍSTICA

$J = R\$ 28.000,00$
$C ?$
$J = C \times i \times n$
$R\$ 28.000,00 = C \times 0,035 \times 1,5$
$R\$ 28.000,00 = C \times 0,0525$
$C = R\$ 28.000,00 / 0,0525$
$C = R\$ 533.333,33$

b) $n = 60$ dias $= 2$ meses
$J = C \times i \times n$
$R\$ 28.000,00 = C \times 0,035 \times 2$
$R\$ 28.000,00 = C \times 0,07$
$C = R\$ 28.000,00 / 0,07$
$C = R\$ 400.000,00$

c) $n = 4$ meses e 20 dias $= 140$ dias
$i = 3,5\%$ ao mês $/ 30 = 0,116666666\%$ ao dia
$J = C \times i \times n$
$R\$ 28.000,00 = C \times 0,001166666 \times 140$
$R\$ 28.000,00 = C \times 0,163333333$
$C = R\$ 28.000,00 / 0,163333333$
$C = R\$ 171.428,57$

d) $n = 2$ anos, 5 meses e 15 dias $= 29,5$ meses
$J = C \times i \times n$
$R\$ 28.000,00 = C \times 0,035 \times 29,5$
$R\$ 28.000,00 = C \times 1,0325$
$C = R\$ 28.000,00 / 1,0325$
$C = R\$ 27.118,64$

09. (TÉCNICO – 1º/2003) Uma empresa compra uma moto por R\$ 6.290,50, para ser paga após 6 meses. Os juros cobrados nessa operação foram iguais a 15% do valor à vista da moto. A taxa de juros bimestral aplicada sob o regime de capitalização simples é de:

Capítulo 2 – Capitalização simples 29

a) $i\% = 2,5\%$ ao bimestre.
b) $i\% = 4,77\%$ ao bimestre.
c) $i\% = 5\%$ ao bimestre.
d) $i\% = 5,06\%$ ao bimestre.

Solução:

Capital (C) = R$ 6.290,50
Juros cobrados (J) = R$ 6.290,50 × 15% = R$ 943,58
A transação foi feita em regime de capitalização simples, logo:
$J = C \times i \times n$
R$ 943,58 = R$ 6.290,50 × i × 6
R$ 943,58 = R$ 37.743,00 × i
i = R$ 943,58 / R$ 37.743,00
$i = 0,025$
Multiplicando por 100:
$i = 0,025 \times 100 = 2,5\%$ ao mês.
Agora é só multiplicar por 2:
$i = 2,5\% \times 2 = 5\%$ ao bimestre.

Resposta: letra c.

10. Uma pessoa aplicou R$ 15.000,00 em um banco, resgatando, após 10 meses, o montante de R$ 16.800,00. Qual a taxa de juros linear mensal equivalente que o aplicador recebeu?

Solução:

n = 10 meses
C = R$ 15.000,00
M = R$ 16.800,00
$i = ?$
$M = C \times (1 + i \times n)$
R$ 16.800,00 = R$ 15.000,00 × $(1 + i \times 10)$
R$ 16.800,00 / R$ 15.000,00 = $(1 + i \times 10)$

30 MATEMÁTICA FINANCEIRA E ESTATÍSTICA

$$1,12 = (1 + i \times 10)$$
$$i \times 10 = 1,12 - 1$$
$$i = 0,12 / 10$$
$$i = 0,012 \times 100$$
$$i = 1,2\% \text{ ao mês.}$$

11. Um capital de R$ 3.800,00 rendeu R$ 1.024,10 após 7 meses. Calcule a taxa de juros simples da aplicação.

Solução:

$$C = R\$ 3.800,00$$
$$J = R\$ 1.024,10$$
$$n = 7 \text{ meses}$$
$$i = ?$$
$$J = C \times i \times n$$
$$i = J / (C \times n)$$
$$i = R\$ 1.024,10 / (R\$ 3.800,00 \times 7)$$
$$i = R\$ 1.024,10 / R\$ 26.600,00$$
$$i = 0,0385 \times 100 = 3,85\% \text{ ao mês}$$

12. Um empréstimo de R$ 5.800,00 foi resgatado 6 meses depois pelo valor de R$ 6.322,00. Calcule as taxas de juros simples mensal e anual dessa transação financeira.

Solução:

$$C = R\$ 5.800,00$$
$$M = R\$ 6.322,00$$
$$n = 6 \text{ meses}$$
$$i = ?$$
$$M = C \times (1 + i \times n)$$
$$R\$ 6.322,00 = R\$ 5.800,00 \times (1 + i \times 6)$$
$$R\$ 6.322,00 / R\$ 5.800,00 = (1 + i \times 6)$$

Capítulo 2 – Capitalização simples **31**

$1,09 - 1 = i \times 6$

$i = 0,09 / 6 = 0,015$

$i = 0,015 \times 100 = 1,5\%$ ao mês

$i = 1,5\% \times 12 = 18\%$ ao ano

Respostas: 1,5% ao mês e 18% ao ano

13. Uma pessoa aplicou determinado capital, o que lhe rendeu juros de R$ 4.800,00 após 12 meses. Sabendo-se que a aplicação rendia uma taxa de juros simples de 3% ao semestre, calcule o valor do capital.

Solução:

$i = 3\% / 6 = 0,5\%$ ao mês

$n = 12$ meses

$J = R\$ 4.800,00$

$C = ?$

$J = C \times i \times n$

$C = J / i \times n$

$C = R\$ 4.800,00 / 0,005 \times 12$

$C = R\$ 4.800,00 / 0,06$

$C = R\$ 80.000,00$

14. Qual a taxa de juros simples aplicada em um empréstimo de R$ 14.000,00, que, após 14 meses, rendeu R$ 6.370,00 de juros?

Solução:

$C = R\$ 14.000,00$

$n = 14$ meses

$J = R\$ 6.370,00$

$i = ?$

$J = C \times i \times n$

$i = J / (C \times n)$

32 MATEMÁTICA FINANCEIRA E ESTATÍSTICA

i = R$ 6.370,00 / (R$ 14.000,00 × 14)

i = R$ 6.370,00 / 196.000,00

i = 0,0325 × 100 = 3,25% ao mês

15. A indústria de móveis. Vale Dourado obteve empréstimo de R$ 35.000,00 com taxa de juros simples de 14,4% ao ano para comprar uma máquina. Ela irá pagar R$ 8.820,00 de juros. Qual o prazo desse empréstimo?

Solução:

C = R$ 35.000,00

J = R$ 8.820,00

i = 14,4% ao ano / 12 = 1,2% ao mês

n = ?

J = C × i × n

n = J / (C × i)

n = R$ 8.820,00 / (R$ 35.000,00 × 0,012)

n = R$ 8.820,00 / R$ 420,00

n = 21 meses

16. Qual o tempo necessário para que um capital de R$ 30.000,00 renda juros de R$ 6.000,00 a uma taxa de juros simples de 12% ao semestre?

Solução:

C = R$ 30.000,00

J = R$ 6.000,00

i = 12% ao semestre / 6 = 2% ao mês

n = ?

J = C × i × n

n = J / (C × i)

n = R$ 6.000,00 / (R$ 30.000,00 × 0,02)

Capítulo 2 – Capitalização simples 33

n = R$ 6.000,00 / R$ 600,00

n = 10 meses

17. Um eletrodoméstico está à venda em uma loja por R$ 1.200,00 à vista, ou nas seguintes condições: 50% de entrada e mais R$ 750,00 após 60 dias. Qual a taxa linear mensal de juros utilizada nesta transação comercial?

Solução:

n = 60 dias = 2 meses
M = R$ 750,00
C = R$ 1.200,00 – 50% = R$ 600,00
i = ?
M = C × (1 + i × n)
R$ 750,00 = R$ 600,00 × (1 + i × 2)
R$ 750,00 / R$ 600,00 = (1 + i × 2)
1,25 – 1 = i × 2
i = 0,25 / 2
i = 0,125 × 100
12,5% ao mês

18. Um capital de R$ 4.800,00 foi aplicado a uma taxa de 36% ao ano, a juros simples, rendendo R$ 1.440,00 durante certo tempo. Qual foi esse tempo?

Solução:

C = R$ 4.800,00
J = R$ 1.440,00
i = 36% ao ano / 12 = 3% ao mês
n = ?
J = C × i × n
R$ 1.440,00 = R$ 4.800,00 × 0,03 × n

34 MATEMÁTICA FINANCEIRA E ESTATÍSTICA

R$ 1.440,00 / R$ 4.800,00 = 0,03 × n
n = 0,3 / 0,03
n = 10 meses

19. Um capital de R$ 20.000,00 foi aplicado a juros nominais de 48% ao ano, capitalizados trimestralmente. Se o resgate for realizado após 9 meses, o montante será de?

Solução:

C = R$ 20.000,00
i = 48% ao ano / 4 = 12% ao trimestre
n = 9 meses = 3 trimestres
M = ?
M = C × (1 + i × n)
M = R$ 20.000,00 × (1 + 0,12 × 3)
M = R$ 20.000,00 × (1,36)
M = R$ 27.200,00

20. Em quanto tempo um capital quadruplica, aplicado a uma taxa de juros linear de 24% ao ano?

Solução:

Tomemos o capital inicial (C) por R$ 1,00 (100%).
M = R$ 1,00 × 4 = R$ 4,00
i = 24% ao ano
n = ?
M = C × (1 + i × n)
R$ 4,00 = R$ 1,00 × (1 + 0,24 × n)
R$ 4,00 / R$ 1,00 = 1 + 0,24 × n
0,24 × n = 4 − 1
n = 3 / 0,24
n = 12,5 anos

Capítulo 2 – Capitalização simples **35**

21. Em quanto tempo um capital triplica, aplicado a uma taxa de juros simples de 16% ao semestre?

Solução:

Tomemos o capital inicial (C) por R$ 1,00 (100%).
M = R$ 1,00 × 3 = R$ 3,00
i = 16% ao semestre
n = ?
M = C × (1 + i × n)
R$ 3,00 = R$ 1,00 × (1 + 0,16 × n)
R$ 3,00 / R$ 1,00 = (1 + 0,16 × n)
0,16 × n = 3 – 1
n = 2 / 0,16
n = 12,5 semestres

22. Em quanto tempo um capital duplica, aplicado a uma taxa de juros simples de 25% ao ano?

Solução:

Tomemos o capital inicial (C) por R$ 1,00 (100%).
M = R$ 1,00 × 2 = R$ 2,00
i = 25% ao ano
n = ?
M = C × (1 + i × n)
R$ 2,00 = R$ 1,00 × (1 + 0,25 × n)
R$ 2,00 / R$ 1,00 = 1 + 0,25 × n
0,25 × n = 2 – 1
n = 1 / 0,25
n = 4 anos

23. Um título foi resgatado 150% maior que o seu valor inicial. Sendo de 36% ao ano a taxa de juros simples, calcule o prazo desse investimento.

36 MATEMÁTICA FINANCEIRA E ESTATÍSTICA

Solução:

Tomemos o capital inicial (C) por R$ 1,00 (100%).

M = R$ 1,00 + 150%

M = R$ 1,00 + R$ 1,50 = R$ 2,50

i = 36% ao ano = 3% ao mês

n = ?

M = C × (1 + i × n)

R$ 2,50 = R$ 1,00 × (1 + 0,03 × n)

R$ 2,50 / R$ 1,00 = 1 + 0,03 × n

0,03 × n = 2,5 − 1

n = 1,5 / 0,03

n = 50 meses

24. Um cliente de um banco aplicou R$ 7.500,00, que remunera a uma taxa de juros simples de 12% ao trimestre. Sabendo-se que o prazo da aplicação foi de 120 dias, qual o montante recebido pelo cliente?

Solução:

C = R$ 7.500,00

i = 12% ao trimestre / 3 = 4% ao mês

n = 120 dias / 30 = 4 meses

Montante (M) = ?

M = C × (1 + i × n)

M = R$ 7.500,00 × (1 + 0,04 × 4)

M = R$ 7.500,00 × (1,16)

M = R$ 8.700,00

25. Uma cliente depositou R$ 25.000,00 em uma conta bancária especial, que rende a uma taxa de juros simples de 18% ao quadrimestre. Qual será o saldo da aplicação após 180 dias?

Capítulo 2 – Capitalização simples **37**

Solução:

Capital inicial (C) = R$ 25.000,00
i = 18% ao quadrimestre / 4 = 4,5% ao mês
n = 180 dias / 30 = 6 meses
Montante (M) = ?
M = C × (1 + i × n)
M = R$ 25.000,00 × (1 + 0,045 × 6)
M = R$ 25.000,00 × (1,27)
M = R$ 31.750,00

26. Se o valor atual de um título é igual a 4/5 de seu valor nominal e o prazo da aplicação for de 10 meses, qual a taxa de juros simples considerada?

Solução:

Tomemos o montante (M) por R$ 1,00 (100%).
Capital (C) = 4 / 5 × R$ 1,00
Capital (C) = R$ 0,80
n = 10 meses
i = ?
M = C × (1 + i × n)
R$ 1,00 = R$ 0,80 (1 + i × 10)
R$ 1,00 / R$ 0,80 = (1 + i × 10)
1,25 = 1 + i × 10
1,25 − 1 = i × 10
i = 0,25 / 10
i = 0,025 × 100
i = 2,5% ao mês

27. Um depósito de R$ 150.000,00 foi efetuado em um banco, onde ficou aplicado por 9 meses, a uma taxa de juros simples de 24% ao ano. Para se obter o mesmo rendimento financeiro, qual

38 MATEMÁTICA FINANCEIRA E ESTATÍSTICA

valor precisa ser aplicado, utilizando-se uma taxa de 16% ao ano durante 6 meses?

Solução:

$i_1 = 24\%$ ao ano / 12 = 2% ao mês

$i_2 = 16\%$ ao ano / 12 = 1,333333333% ao mês

$n_1 = 9$ meses; $n_2 = 6$ meses

$C_1 = R\$ 150.000,00; C_2 = ?$

$J_1 = C_1 \times i_1 \times n_1; J_2 = C_2 \times i_2 \times n_2$

Atenção! Existem duas situações (aplicações proporcionais), por isso vamos igualá-las.

$J_1 = J_2$

$C_1 \times i_1 \times n_1 = C_2 \times i_2 \times n_2$

$R\$ 150.000,00 \times 0,02 \times 9 = C_2 \times 0,013333333 \times 6$

$R\$ 27.000,00 = C_2 \times 0,08$

$C_2 = R\$ 27.000,00 / 0,08$

$C_2 = R\$ 337.500,00$

28. Uma tevê com tela de LCD é vendida nas seguintes condições:

* preço à vista = R$ 2.500,00;
* condições a prazo = 50% no ato da compra e R$ 1.500,00 em 60 dias.

Qual a taxa de juros simples cobrada nas condições a prazo?

Solução:

Entrada = R$ 2.500,00 − 50%

Entrada = R$ 2.500,00 − R$ 1.250,00 = R$ 1.250,00

C = R$ 1.250,00

M = R$ 1.500,00

n = 60 (dias) = 1 período

$i = ?$

Capítulo 2 – Capitalização simples 39

$M = C \times (1 + i \times n)$

$R\$ 1.500,00 = R\$ 1.250,00 \times (1 + i \times 1)$

$R\$ 1.500,00 / R\$ 1.250,00 = 1 + i \times 1$

$i = 1,2 - 1$

$i = 0,2 \times 100 = 20\%$ ao bimestre (60 dias)

29. Um equipamento eletrônico é vendido em 3 pagamentos mensais e iguais. O 1º pagamento é dado como entrada, e os demais serão efetuados daqui a 30 e 60 dias. Sendo de 3,5% ao mês a taxa linear de juros, calcule até que valor interessa adquirir o bem à vista.

Solução:

Considerando: R\$ 100,00 (100%) o valor do equipamento;

$i = 3,5\%$ ao mês

Pagamentos $= X + X + X = 3X$

Logo:

$R\$ 100,00 = 3X$

$X = R\$ 100,00 / 3$

$X = R\$ 33,3333$ o valor de cada parcela

Valor de interesse $= X + X / (1 + 0,035 \times 1) + X / (1 + 0,035 \times 2)$

Valor de interesse $= R\$ 33,3333 + R\$ 33,3333 / (1,035) +$
$+ R\$ 33,3333 / (1,07)$

Valor de interesse $= R\$ 33,3333 + R\$ 32,2061 + 31,1526 = 96,69$

Valor de interesse (à vista) $= R\$ 96,69$

Ou seja, interessa adquirir o produto à vista por até 96,69% de seu valor, isto é, com uma taxa de desconto de 3,5%.

30. Uma pessoa possui uma dívida parcelada em 3 pagamentos nos valores de R\$ 4.500,00, R\$ 6.500,00 e R\$ 9.000,00 vencíveis em 30, 60 e 90 dias, respectivamente. A taxa de juros simples de mercado é de 3,8% ao mês. Calcule as alternativas que o devedor tem para liquidar a dívida:

a) hoje;
b) daqui a 6 meses.

Solução:

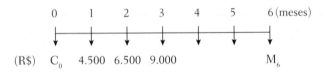

PGTO = pagamentos;
$i = 3,8\%$ ao mês;
$n = 30$, 60 e 90 dias, respectivamente iguais a 1, 2 e 3 meses.

a) $C_0 =$ capital no instante zero:
$C_0 = $ PGTO $/ (1 + i \times n) + $ PGTO $/ (1 + i \times n) +$
$+ $ PGTO $/ (1 + i \times n)$
$C_0 = $ R$ 4.500,00/(1+0,038 \times 1) + $ R$ 6.500,00/(1+0,038 \times 2) +$
$+ $ R$ 9.000,00 $/ (1 + 0,038 \times 3)$
$C_0 = $ R$ 4.500,00 $/ (1,038) + $ R$ 6.500,00 $/ (1,076) +$
$+ $ R$ 9.000,00 $/ (1,114)$
$C_0 = $ R$ 4.335,26 + R$ 6.040,89 + R$ 8.078,99
$C_0 = $ R$ 18.455,15

b) Data focal escolhida é o 6º mês (esse período passa a ser montante).
$M_6 = $ montante no instante 6 (6º período):
$M_6 = $ R$ 4.500,00 $(1 + 0,038 \times 5) + $ R$ 6.500,00 $(1 + 0,038 \times 4) +$
$+ $ R$ 9.000,00 $(1 + 0,038 \times 3)$
$M_6 = $ R$ 4.500,00 (1,19) + R$ 6.500,00 (1,152) +
$+ $ R$ 9.000,00 (1,114)
$M_6 = $ R$ 5.355,00 + R$ 7.488,00 + R$ 10.026,00
$M_6 = $ R$ 22.869,00

Capítulo 2 – Capitalização simples **41**

31. A dona de uma loja tem as seguintes obrigações de pagamento com um banco:

- R$ 20.000,00 vencíveis em 45 dias;
- R$ 45.000,00 vencíveis em 90 dias;
- R$ 115.000,00 vencíveis em 120 dias.

Com problemas de caixa nestas datas, deseja substituir tal fluxo de pagamentos pelo seguinte esquema:

- R$ 30.000,00 em 90 dias;
- R$ 60.000,00 em 150 dias;
- E o restante em 180 dias.

A taxa a ser utilizada é de 3,8% ao mês, a juros simples, adotada pela instituição financeira. Calcule o valor do pagamento no 180º dia, tendo como data focal o momento atual.

Solução:

Contrato original (R$) | 20.000 | 45.000 | 115.000

Pagamentos propostos (R$): 0 — 1 (1,5) — 2 — 3 (30.000) — 4 — 5 (60.000) — 6 (períodos) — X

$i = 3,8\% / 100 = 0,038$;

$n = 45$ dias $= 1,5$ mês;

$n = 90$ dias $= 3$ meses;

$n = 120$ dias $= 4$ meses;

$n = 150$ dias $= 5$ meses;

$n = 180$ dias $= 6$ meses.

R$ 20.000,00 / (1 + 0,038 × 1,5) + R$ 45.000,00 / (1 + 0,038 × 3) +

+ R$ 115.000,00 / (1 + 0,038 × 4) = R$ 30.000,00 / (1 + 0,038 ×

× 3) + R$ 60.000,00 / (1 + 0,038 × 5) + X / (1 + 0,038 × 6) ⇒

R$ 20.000,00 / (1,057) + R$ 45.000,00 / (1,114) +

+ R$ 115.000,00 / (1,152) = R$ 30.000,00 / (1,114) +

+ R$ 60.000,00 / (1,19) + X / (1,228) ⇒ R$ 18.921,48 +

42 MATEMÁTICA FINANCEIRA E ESTATÍSTICA

$+ \text{R\$ } 40.394,97 + \text{R\$ } 99.826,39 = \text{R\$ } 26.929,98 +$
$+ \text{R\$ } 50.420,17 + 0,814332248 \text{ X}$
$\text{R\$ } 159.142,84 = 77.350,15 + 0,814332248 \text{ X}$
$\text{R\$ } 159.142,84 - 77.350,15 = 0,814332248 \text{ X}$
$X = \text{R\$ } 81.1792,69 / 0,814332248$
$X = \text{R\$ } 100.441,42$

32. Um notebook está sendo vendido a prazo nas seguintes condições:

- R$ 350,00 de entrada;
- R$ 400,00 em 30 dias;
- R$ 500,00 em 60 dias.

A taxa de juros simples é de 2,4% ao mês. Calcule até que preço é vantajoso comprar à vista esse equipamento.

Solução:

$C = \text{capital (valor à vista)}$
$i = 2,4\%$
$n = 30 \text{ dias} = 1 \text{ mês}$
$n = 60 \text{ dias} = 2 \text{ meses}$
$\text{PGTO} = \text{pagamentos (parcelas)}$
$C = \text{ENTRADA} + \text{PGTO} / (1 + i \times n) + \text{PGTO} / (1 + i \times n)$
$C = \text{R\$ } 350,00 + \text{R\$ } 400,00 / (1 + 0,024 \times 1) +$
$\quad + \text{R\$ } 500,00 / (1 + 0,024 \times 2)$
$C = \text{R\$ } 350,00 + \text{R\$ } 400,00 / (1,024) + \text{R\$ } 500,00 / (1,048)$
$C = \text{R\$ } 350,00 + 390,63 + 477,10$
$C = \text{R\$ } 1.217,73$

33. Uma pessoa tem uma dívida composta pelos seguintes pagamentos:

- R$ 30.000,00 de hoje a 2 meses;
- R$ 60.000,00 de hoje a 5 meses;
- R$ 90.000,00 de hoje a 7 meses.

Capítulo 2 – Capitalização simples **43**

Deseja trocar essas obrigações, equivalentemente, por 2 pagamentos iguais, vencíveis o primeiro ao final do 6º mês e o 2º no 8º mês. Sendo de 3,5% ao mês de juros simples, calcular o valor desses pagamentos, admitindo-se as seguintes datas de comparação:

a) hoje;

b) no vencimento do 1º pagamento proposto;

c) no vencimento do 2º pagamento proposto.

Solução:

Contrato original da dívida: R\$ 30.000,00 — R\$ 60.000,00 — R\$ 90.000,00

Pagamentos propostos (R\$): 0 (X) 1 2 3 4 5 6 7 8 (X) (meses)

a) $i = 3{,}5\%$ ao mês.

$$\text{R\$ }30.000{,}00 / (1 + 0{,}035 \times 2) + \text{R\$ }60.000{,}00 / (1 + 0{,}035 \times 5) +$$
$$+ \text{R\$ }90.000{,}00 / (1 + 0{,}035 \times 7) = X / (1 + 0{,}035 \times 6) +$$
$$+ X / (1 + 0{,}035 \times 8) \Rightarrow$$
$$\text{R\$ }30.000{,}00 / (1{,}07) + \text{R\$ }60.000{,}00 / (1{,}175) +$$
$$+ \text{R\$ }90.000{,}00 / (1{,}245) = X / (1{,}21) + X / (1{,}28) \Rightarrow$$
$$\text{R\$ }28.037{,}38 + \text{R\$ }51.063{,}83 + \text{R\$ }72.289{,}16 =$$
$$= 0{,}826446281\, X + 0{,}78125\, X$$
$$\text{R\$ }151.390{,}37 = 1{,}607696281\, X$$
$$X = \text{R\$ }151.390{,}37 / 1{,}607696281$$
$$X = \text{R\$ }94.166{,}03$$

b) $$\text{R\$ }30.000{,}00 \times (1 + 0{,}035 \times 4) + \text{R\$ }60.000{,}00 \times$$
$$\times (1 + 0{,}035 \times 1) + \text{R\$ }90.000{,}00 / (1 + 0{,}035 \times 1) = X +$$
$$+ X / (1 + 0{,}035 \times 2)$$
$$\text{R\$ }30.000{,}00 \times (1{,}14) + \text{R\$ }60.000{,}00 \times (1{,}035) +$$
$$+ \text{R\$ }90.000{,}00 / (1{,}035) = X + X / (1{,}07)$$
$$\text{R\$ }34.200{,}00 + \text{R\$ }62.100{,}00 + \text{R\$ }86.956{,}52 =$$
$$= X + 0{,}966183575\, X$$

44 MATEMÁTICA FINANCEIRA E ESTATÍSTICA

R$ 183.256,52 = 1,966183575 X

X = R$ 183.256,52 / 1,966183575

X = 93.204,18

c) R$ 30.000,00 × (1 + 0,035 × 6) + R$ 60.000,00 ×
   × (1 + 0,035 × 3) + R$ 90.000,00 × (1 + 0,035 × 1) =
   = X (1 + 0,035 × 2) + X

R$ 30.000,00 × (1,21) + R$ 60.000,00 × (1,105) +
+ R$ 90.000,00 × (1,035) = X (1,07) + X

R$ 36.300,00 + R$ 63.300,00 + R$ 93.150,00 = 2,07 X

R$ 192.750,00 = 2,07 X

X = R$ 192.750,00 / 2,07

X = R$ 93.115,94

34. Um investidor resolve aplicar seu capital em tipos diferentes de contas em uma instituição financeira. Ele aplica 60% do capital em uma alternativa de investimento que paga 31,2% ao ano de juros simples pelo prazo de 90 dias. A outra parte é investida em uma conta de poupança por 60 dias, sendo remunerada pela taxa linear de 2,9% ao mês. O total dos rendimentos auferidos pelo aplicador atinge R$ 2.162,50. Pede-se para calcular o valor de todo o capital investido.

Solução:

Capital $(C_1) = 60\% / 100 = 0,60$

Taxa $(i_1) = 31,2\%$ ao ano $/ 12 = 2,6\%$ ao mês

n = 90 dias = 3 meses

$J_1 = 0,6 \times 0,026 \times 3$

$J_1 = 0,0468 \times 100$

$J_1 = 4,68\%$

Se 60% foram investidos em uma aplicação, logo os outros 40% foram para a poupança.

Capítulo 2 – Capitalização simples **45**

Assim, temos:

Capital $(C_2) = 40\% / 100 = 0,4$

Taxa $(i_2) = 2,9\%$ ao mês

$n = 60$ dias $= 2$ meses

$J_2 = 0,4 \times 0,029 \times 2$

$J_2 = 0,0232 \times 100$

$J_2 = 2,32\%$

$J_{TOTAL} = 4,68\% + 2,32\%$

$J_{TOTAL} = 7\%$

O exercício afirma que esse percentual é igual a R$ 2.162,50.
Vejamos essa afirmação:

$J_1 = 4,68 / 7 = 0,6686 \times 100 = 66,86\%$

$J_2 = 2,32 / 7 = 0,3314 \times 100 = 33,14\%$

$J_{TOTAL} = J_1 + J_2$

R$ $2.162,50 = J_1 + 33,14\%$

$J_1 = $ R$ $2.162,50 - 33,14\%$

$J_1 = $ R$ $2.162,50 - $ R$ $716,71$

$J_1 = $ R$ $1.445,79$

$J_2 = J_{TOTAL} - J_1$

$J_2 = $ R$ $2.162,50 - $ R$ $1.445,79$

$J_2 = $ R$ $716,71$

Pede-se para calcular todo o capital investido:

$J_1 = C_1 \times i_1 \times n_1$

R$ $1.445,79 = C_1 \times 0,026 \times 3$

$C_1 = $ R$ $1.445,79 / 0,078$

$C_1 = $ R$ $18.535,77$ (capital do investimento)

$J_2 = C_2 \times i_2 \times n_2$

R$ $716,71 = C_2 \times 0,029 \times 2$

$C_2 = $ R$ $716,71 / 0,058$

$C_2 = $ R$ $12.357,07$ (capital depositado na poupança)

46   MATEMÁTICA FINANCEIRA E ESTATÍSTICA

$$C_{TOTAL} = C_1 + C_2$$
$$C_{TOTAL} = R\$ 18.535,77 + R\$ 12.357,07$$
$$C_{TOTAL} = R\$ 30.892,84$$

35. Uma empresa contrai um empréstimo de R\$ 100.000,00 à taxa linear de 3,8% ao mês. Em determinado dia, liquida esse empréstimo pelo montante de R\$ 134.200,00 e contrai nova dívida no valor de R\$ 60.000,00, pagando uma taxa de juros simples mais baixa. Esse último empréstimo é resgatado 12 meses depois pelo montante de R\$ 83.040,00.

A partir dos dados acima, calcule:
a) O prazo do 1º empréstimo e o valor dos juros pagos;
b) A taxa simples de juros mensal e anual cobrada no 2º empréstimo.

Solução:

a) $J = M - C$
$J = R\$ 134.200,00 - R\$ 100.000,00$
$J = R\$ 34.200,00$
$J = C \times i \times n$
$R\$ 34.200,00 = R\$ 100.000,00 \times 0,038 \times n$
$n = R\$ 34.200,00 / R\$ 3.800,00$
$n = 9$ meses

b) $J = M - C$
$J = R\$ 83.040,00 - R\$ 60.000,00$
$J = R\$ 23.040,00$
$J = C \times i \times n$
$i = J / (C \times n)$
$i = R\$ 23.040,00 / (R\$ 60.000,00 \times 12)$
$i = R\$ 23.040,00 / R\$ 720.000,00$
$i = 0,032 \times 100 = 3,2\%$ ao mês
$i = 3,2\%$ ao mês $\times 12 = 38,4\%$ ao ano

Capítulo 2 – Capitalização simples **47**

36. Um empréstimo de R$ 60.000,00 foi tomado por determinado prazo a uma taxa linear de 6% ao mês. Em certo momento, o devedor quita esse empréstimo e contrai outro no valor de R$ 180.000,00, pagando 4% de juros simples ao mês em outro prazo combinado. Após 24 meses do primeiro empréstimo, o devedor liquida a sua 2ª dívida. O total dos juros pagos nos 2 empréstimos tomados atinge R$ 140.000,00. Calcule os prazos referentes a cada um dos empréstimos.

Solução:

Período total (n_{TOTAL}) = 24 meses

Lembrando que temos dois momentos diferentes, os quais denominaremos n_1 e n_2, logo:

$n_{TOTAL} = n_1 + n_2$

$24 = n_1 + n_2$

$n_1 = 24 - n_2$

$J_{TOTAL} = J_1 + J_2$

$J_1 = C_1 \times i_1 \times n_1$

$J_2 = C_2 \times i_2 \times n_2$

$J_{TOTAL} = R\$ 140.000,00$

$J_{TOTAL} = C_1 \times i_1 \times n_1 + C_2 \times i_2 \times n_2$

$R\$ 140.000,00 = 60.000,00 \times 0,06 \times (24 - n_2) +$

$+ R\$ 180.000,00 \times 0,04 \times n_2 \Rightarrow$

$R\$ 140.000,00 = R\$ 86.400,00 - R\$ 3.600,00 \, n_2 + 7.200,00 \, n_2$

$R\$ 140.000,00 - R\$ 86.400,00 = - R\$ 3.600,00 \, n_2 + 7.200,00 \, n_2$

$R\$ 53.600,00 = R\$ 3.600,00 \, n_2$

$n_2 = R\$ 53.600,00 \, / \, R\$ 3.600,00$

$n_2 = 14,88888889 \approx 14,9$ meses

$n_{TOTAL} = n_1 + n_2$

$24 = n_1 + 14,9$

$n_1 = 24 - 14,9$

$n_1 = 9,1$ meses

48 MATEMÁTICA FINANCEIRA E ESTATÍSTICA

37. Uma aplicação de R$ 15.000,00 é efetuada pelo prazo de 3 meses à taxa de juros simples de 36% ao ano. Que outra quantia deve ser aplicada por 4 meses à taxa linear de 24% ao ano para se obter o mesmo rendimento de "juros" financeiro?

Solução:

$C_2 = ?$

$J_1 = C_1 \times i_1 \times n_1$

$J_2 = C_2 \times i_2 \times n_2$

$n_1 = 3$ meses

$n_2 = 4$ meses

$i_1 = 36\%$ ao ano / 3% ao mês

$i_2 = 24\%$ ao ano / 2% ao mês

Atenção! Tem-se dois momentos de aplicação, portanto, vamos igualar essas duas fases.

$J_1 = J_2$

$C_1 \times i_1 \times n_1 = C_2 \times i_2 \times n_2$

R$ 15.000,00 $\times 0,03 \times 3 = C_2 \times 0,02 \times 4$

R$ 1.350,00 $= C_2 \times 0,08$

$C_2 = $ R$ 1.350,00 $/ 0,08$

$C_2 = $ R$ 16.875,00

38. Uma pessoa aplicou em uma instituição financeira R$ 25.000,00 e 9 meses depois resgatou R$ 28.712,50. Calcular a taxa mensal de juros simples auferida nessa aplicação.

Solução:

$M = $ R$ 28.712,50

$C = $ R$ 25.000,00

$n = 9$ meses

$i = ?$

$M = C \times (1 + i \times n)$

Capítulo 2 – Capitalização simples **49**

R$ 28.712,50 = R$ 25.000,00 × (1 + i × 9)
R$ 28.712,50 / R$ 25.000,00 = 1 + i × 9
1,1485 – 1 = i × 9
i = 0,1485 / 9
i = 0,0165 × 100
i = 1,65% ao mês

39. Se uma pessoa necessitar de R$ 100.000,00 daqui a 36 meses, quanto deverá depositar hoje em uma conta bancária que remunera a uma taxa linear de 9% ao ano?

Solução:

i = 9% ao ano
n = 36 meses / 12 = 3 anos;
M = R$ 100.000,00
C = ?
M = C × (1 + i × n)
C = M / (1 + i × n)
C = R$ 100.000,00 / (1 + 0,09 × 3)
C = R$ 100.000,00 / 1,27
C = R$ 78.740,16

40. Um título com valor nominal de R$ 36.000,00 vence em 120 dias. Para uma taxa de juros simples de 3,24% ao mês, calcule o valor desse título:

a) hoje;
b) 2 meses antes de seu vencimento;
c) 1 mês após o seu vencimento.

Solução:

a) Quando n = 120 dias = 4 meses
   i = 3,24% ao mês
   Valor nominal = Montante (M) = R$ 36.000,00

$C_0 = ?$
$C_0 = M / (1 + i \times n)$
$C_0 = R\$\ 36.000,00 / (1 + 0,0324 \times 4)$
$C_0 = R\$\ 36.000,00 / (1 + 0,1296)$
$C_0 = R\$\ 36.000,00 / (1,1296)$
$C_0 = R\$\ 31.869,69$

b) Quando n = 2 meses:
$C_2 = M / (1 + i \times n)$
$C_2 = R\$\ 36.000,00 / (1 + 0,0324 \times 2)$
$C_2 = R\$\ 36.000,00 / (1 + 0,0648)$
$C_2 = R\$\ 36.000,00 / (1,0648)$
$C_2 = R\$\ 33.809,17$

c) Neste caso, o montante (M_5) passa a exercer sua função na fórmula, pois o prazo ultrapassa o vencimento em 1 mês (período), em que os R$ 36.000,00, agora, são o capital inicial no 4º mês, sendo n = 1:
$M_5 = C \times (1 + i \times n)$
$M_5 = R\$\ 36.000,00 \times (1 + 0,0324 \times 1)$
$M_5 = R\$\ 36.000,00 \times 1,0324$
$M_5 = R\$\ 37.166,40$

41. Uma pessoa deve dois títulos nos valores de R$ 30.000,00 e R$ 40.000,00 cada. O 1º vence de hoje a 3 meses, e o 2º 2 meses após. O devedor deseja propor a substituição dessas duas obrigações por um único pagamento ao final do 6º mês. Considerando 3,5% ao mês a taxa corrente de juros simples, determine o valor do pagamento único.

Solução:

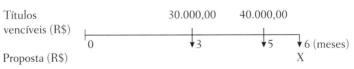

$M_6 = PGTO_1 \times (1 + i \times n) + PGTO_2 \times (1 + i \times n)$
$M_6 = R\$ 30.000,00 \times (1 + 0,035 \times 3) + 40.000,00 \times (1 + 0,035 \times 1)$
$M_6 = R\$ 30.000,00 \times (1,105) + 40.000,00 \times (1,035)$
$M_6 = R\$ 33.150,00 + R\$ 41.400,00$
$M_6 = R\$ 74.550,00$

42. Uma pessoa tem os seguintes compromissos financeiros:
- R$ 50.000,00 vencíveis no fim de 2 meses;
- R$ 80.000,00 vencíveis no fim de 5 meses.

Para os pagamentos desses compromissos, o devedor pretende utilizar suas reservas financeiras aplicando-as em um fundo de investimento que rende 42% ao ano de juros simples. Determine o capital que deve ser aplicado nesse fundo, de forma que possam ser sacados os valores compatíveis aos pagamentos em suas respectivas datas de vencimento sem deixar saldo final na conta.

Solução:

$i = 42\%$ ao ano $= 3,5\%$ ao mês
$C_0 = ?$
$C_0 = M_2 / (1 + i \times n) + M_5 / (1 + i \times n)$
$C_0 = R\$ 50.000,00 / (1 + 0,035 \times 2) + R\$ 80.000,00 / (1 + 0,035 \times 5)$
$C_0 = R\$ 50.000,00 / (1,07) + R\$ 80.000,00 / (1,175)$
$C_0 = R\$ 46.728,97 + R\$ 68.085,11$
$C_0 = R\$ 114.814,08$

Se essa pessoa depositar hoje R$ 114.814,08, no fundo que paga 3,5% ao mês a juros simples, ela terá condições de resgatar suas dívidas nas respectivas datas de vencimento.

43. Um empresário tem uma dívida no valor de R$ 120.000,00 que vence daqui a 9 meses. Ele pretende quitar a dívida, pagando R$ 30.000,00 hoje, R$ 45.000,00 de hoje a 6 meses e o restante 3 meses após a data de vencimento. Sendo o momento deste último pagamento definido como a data focal da operação e, sabendo-se que é de 48% ao ano a taxa linear de juros adotada nesta operação, determine o pagamento restante.

Solução:

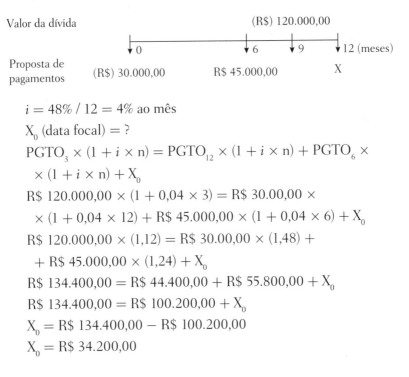

$i = 48\% / 12 = 4\%$ ao mês
X_0 (data focal) = ?
$PGTO_3 \times (1 + i \times n) = PGTO_{12} \times (1 + i \times n) + PGTO_6 \times$
$\times (1 + i \times n) + X_0$
R$ 120.000,00 × (1 + 0,04 × 3) = R$ 30.00,00 ×
× (1 + 0,04 × 12) + R$ 45.000,00 × (1 + 0,04 × 6) + X_0
R$ 120.000,00 × (1,12) = R$ 30.00,00 × (1,48) +
+ R$ 45.000,00 × (1,24) + X_0
R$ 134.400,00 = R$ 44.400,00 + R$ 55.800,00 + X_0
R$ 134.400,00 = R$ 100.200,00 + X_0
X_0 = R$ 134.400,00 − R$ 100.200,00
X_0 = R$ 34.200,00

capítulo · 3

Capitalização composta

O regime de juros compostos diz que os juros auferidos em cada período são adicionados ao capital, formando o montante, ou seja, capital mais juros. Em cada período, o montante passa a ser um novo capital, sendo adicionados a ele novos juros, e assim sucessivamente, até o fim do prazo estipulado. É também conhecido como operações de "juros sobre juros".

Fórmulas: $M = C \times (1 + i)^n$ $C = M / (1 + i)^n$

EXERCÍCIOS:

01. A taxa de juros de um financiamento está fixada em 2,9% ao mês, em determinado momento. Qual o percentual dessa taxa acumulada para um ano?

Solução:

Utilizaremos o fator simples de juros compostos.

$i = (1 + i)^n - 1$

$i = 2,9\%$ ao mês $/ 100 = 0,029$

$i = (1 + 0,029)^{12} - 1$

$i = (1,029)^{12} - 1$

$i = 1,4092 - 1$

54 MATEMÁTICA FINANCEIRA E ESTATÍSTICA

$i = 0,4092 \times 100$

$i = 40,92\%$ ao ano

02. Capitalize as seguintes taxas:

a) 2,8% ao mês para 1 ano;
b) 0,12% ao dia para 23 dias;
c) 5,36% ao trimestre para 1 ano;
d) 6,35% ao semestre para 1 ano;
e) 1,97% equivalente a 15 dias para 1 ano.

Solução:

a) 2,8% ao mês

$i = (1,028)^{12} - 1$

$i = 1,3929^{12} - 1$

$i = 0,3929 \times 100$

$i = 39,29\%$ ao ano

b) 0,12% ao dia

$i = (1,0012)^{23} - 1$

$i = 1,028 - 1$

$i = 0,028 \times 100$

$i = 2,8\%$ para 23 dias

c) 5,36% ao trimestre

$i = (1,0536)^{4} - 1$

$i = 1,2323 - 1$

$i = 0,2323 \times 100$

$i = 23,23\%$ ao ano

d) 6,35% ao semestre

$i = (1,0635)^{2} - 1$

$i = 1,131 - 1$

$i = 0,131 \times 100$

$i = 13,1\%$ ao ano

Capítulo 3 – Capitalização composta **55**

e) 1,97% equivalente a 15 dias
$i = (1,0197)^{1/15} - 1$
$i = 1,001301411 - 1$
$i = (1,001301411)^{360} - 1$
$i = 1,597122166 - 1$
$i = 0,5971 \times 100$
$i = 59,71\%$ ao ano

03. O cliente de um banco deseja ganhar 24% ao ano de taxa efetiva. Calcule a taxa de juros que exigirá uma aplicação se o prazo de capitalização for igual a:

a) 2 meses;
b) 2 semestres;
c) 9 meses.

Solução:

a) $i = (1 + i)^n - 1$
$i = (1 + 0,24)^{1/6} - 1$
$i = (1,24)^{1/6} - 1$
$i = 1,0365 - 1$
$i = 0,0365 \times 100$
$i = 3,65\%$ ao bimestre

b) $i = (1 + i)^n - 1$
$i = (1 + 0,24)^{1/2} - 1$
$i = (1,24)^{1/2} - 1$
$i = 1,1136 - 1$
$i = 0,1136 \times 100$
$i = 11,36\%$ ao semestre

c) $i = (1 + i)^n - 1$
$i = (1 + 0,24)^{1/12} - 1$
$i = (1,24)^{1/12} - 1$

56 MATEMÁTICA FINANCEIRA E ESTATÍSTICA

$$i = (1,0181)^9 - 1$$
$$i = 1,1751 - 1$$
$$i = 0,1751 \times 100$$
$$i = 17,51\% \text{ para 9 meses}$$

04. (CONTADOR 1º/2011) Um investidor fez uma aplicação financeira a juros compostos com capitalização mensal a uma taxa de juros nominal de 8,7% ao semestre. Ao fim de dois anos e meio, o aumento percentual de seu capital inicial foi de:

a) 43,50%.

b) 49,34%.

c) 51,76%.

d) 54,01%.

Solução:

n = 30 meses;

$i = 8,7\% / 6 = 1,45\%$ ao mês (a taxa é nominal), logo:

$$i = (1 + i)^n - 1$$
$$i = (1 + 0,0145)^{30} - 1$$
$$i = (1,0145)^{30} - 1$$
$$i = 1,5401 - 1 = 0,5401$$

Agora é só multiplicar por 100:
$$i = 0,5401 \times 100$$
$$i = 54,01\% \text{ no período de 2 anos e meio.}$$

Resposta: letra d.

05. Calcular o montante de uma aplicação de R$ 30.000,00, considerando as seguintes taxas e seus respectivos prazos:

a) $i = 2,5\%$ ao mês; n = 8 meses;

b) $i = 2,9\%$ ao mês; n = 3 anos;

c) $i = 9\%$ ao semestre; n = 2 anos;

Capítulo 3 – Capitalização composta **57**

d) $i = 18\%$ ao semestre; $n = 5$ anos;

e) $i = 0,018\%$ ao dia; $n = 50$ dias;

f) $i = 12\%$ ao ano; $n = 225$ dias;

Solução:

a) $M = C \times (1 + i)^n$

$M = R\$ 30.000,00 \times (1 + 0,025)^8$

$M = R\$ 30.000,00 \times (1,025)^8$

$M = R\$ 30.000,00 \times 1,218402898$

$M = R\$ 36.552,09$

b) $M = C \times (1 + i)^n$

$M = R\$ 30.000,00 \times (1,029)^{36}$

$M = R\$ 30.000,00 \times 2,798681593$

$M = R\$ 83.960,45$

c) $M = C \times (1 + i)^n$

$M = R\$ 30.000,00 \times (1,09)^4$

$M = R\$ 30.000,00 \times 1,41158161$

$M = R\$ 42.347,45$

d) $M = C \times (1 + i)^n$

$M = R\$ 30.000,00 \times (1,18)^{10}$

$M = R\$ 30.000,00 \times 5,233835554$

$M = R\$ 157.015,07$

e) $M = C \times (1 + i)^n$

$M = R\$ 30.000,00 \times (1 + 0,00018)^{50}$

$M = R\$ 30.000,00 \times (1,00018)^{50}$

$M = R\$ 30.000,00 \times 1,009039805$

$M = R\$ 30.271,19$

f) $M = C \times (1 + i)^n$

$M = R\$ 30.000,00 \times (1,12)^{1/360}$

$M = R\$ 30.000,00 \times 1,000314851$

58 MATEMÁTICA FINANCEIRA E ESTATÍSTICA

Agora é só elevar a 225:

$M = R\$\ 30.000,00 \times (1,000314851)^{225}$

$M = R\$\ 30.000,00 \times 1,073399082$

$M = R\$\ 32.201,97$

06. Um banco paga por um título 3,5% ao bimestre. Se uma pessoa precisa de R$ 30.000,00 daqui a 24 meses, qual o valor a ser aplicado nesse título?

Solução:

$M = R\$\ 30.000,00$

$i = 3,5\%$ ao bimestre

$n = 24$ meses $= 12$ bimestres

$C =\ ?$

$C = M\ /\ (1 + i)^n$

$C = R\$\ 30.000,00\ /\ (1 + 0,035)^{12}$

$C = R\$\ 30.000,00\ /\ (1,035)^{12}$

$C = R\$\ 30.000,00\ /\ 1,511068657$

$C = R\$\ 19.853,50$

07. Quanto deve ser aplicado hoje para daqui a 36 meses resgatar R$ 50.000,00, sabendo-se que a taxa composta é de 10% ao semestre?

Solução:

Período $(n) = 36$ meses $/\ 6 = 6$ semestres

$M = R\$\ 50.000,00$

$i = 10\%$ semestre

$C =\ ?$

$C = M\ /\ (1 + i)^n$

$C = R\$\ 50.000,00\ /\ (1,10)^6$

$C = R\$\ 50.000,00\ /\ (1,771561)$

$C = R\$\ 28.223,70$

Capítulo 3 – Capitalização composta **59**

08. Determine o capital a ser investido para produzir um montante de R$ 21.052,47, em um prazo de 24 meses, com uma taxa de 12% ao semestre, no regime de juros compostos.

Solução:

M = R$ 21.052,47
n = 24 meses
i = 12% ao semestre / 6 = 2% ao mês
C = ?
$C = M / (1 + i)^n$
$C = R\$ 21.052,47 / (1,02)^{24}$
C = R$ 21.052,47 / 1,608437249
C = R$ 13.088,77

09. Calcule a taxa mensal de juros de uma aplicação de R$ 87.600,00, que produziu um montante de R$ 104.413,31 ao final de 9 meses.

Solução:

$M = C \times (1 + i)^n$
$R\$ 104.413,31 = R\$ 87.600,00 \times (1 + i)^9$
$R\$ 104.413,31 / R\$ 87.600,00 = (1 + i)^9$
$\sqrt[9]{1,191932763} = \sqrt[9]{(1+i)^9}$
$1,0197 = 1 + i$
$i = 1,0197 - 1$
$i = 0,0197 \times 100$
$i = 1,97\%$ ao mês

10. Uma tevê está sendo vendida por R$ 1.440,00, com desconto de 25% para pagamento à vista. Outra forma de comprar é pagar os R$ 1.440,00, 60 dias depois, sem o referido desconto. Qual o custo efetivo mensal da venda a prazo?

60 MATEMÁTICA FINANCEIRA E ESTATÍSTICA

Solução:

Preço à vista (capital inicial):

R\$ 1.440,00 − 25%

R\$ 1.440,00 − R\$ 360,00

C = R\$ 1.080,00

M = R\$ 1.440,00

n = 60 dias / 30 = 2 meses

$i = ?$

$M = C \times (1 + i)^n$

R\$ 1.440,00 = R\$ 1.080,00 $\times (1 + i)^2$

R\$ 1.440,00 / R\$ 1.080,00 = $(1 + i)^2$

$\sqrt[2]{1,333333333} = \sqrt[2]{(1+i)^2}$

$i = 1,1547 - 1$

$i = 0,1547 \times 100$

$i = 15,47\%$ ao mês

11. Os rendimentos de um investidor, em uma aplicação inicial de R\$ 180.000,00, somaram R\$ 201.292,59 ao final de 9 meses. Determine a taxa efetiva mensal de juros dessa aplicação.

Solução:

C = R\$ 180.000,00

M = R\$ 201.292,59

n = 9 meses

$i = ?$

$M = C \times (1 + i)^n$

R\$ 201.292,59 = R\$ 180.000,00 $\times (1 + i)^9$

R\$ 201.292,59 / R\$ 180.000,00 = $(1 + i)^9$

$\sqrt[9]{1,118292167} = \sqrt[9]{(1+i)^9}$

$i = 1,0125 - 1$

$i = 0,0125 \times 100$

$i = 1,25\%$ ao mês

Capítulo 3 – Capitalização composta **61**

12. Determine as taxas efetiva mensal e anual de juros de um capital de R$ 160.000,00, que auferiu um montante de R$ 221.920,63 ao final de 12 meses.

Solução:

$C = R\$ 160.000,00$

$M = R\$ 221.920,63$

$n = 12$ meses

$i = ?$

$M = C \times (1 + i)^n$

$R\$ 221.920,63 = R\$ 160.000,00 \times (1 + i)^{12}$

$R\$ 221.920,63 / R\$ 160.000,00 = (1 + i)^{12}$

$1,387003938 = (1 + i)^{12}$

$\sqrt[12]{1,387003938} = \sqrt[12]{(1+i)^{12}}$

$i = 1,027637178 - 1$

$i = 0,027637178 \times 100$

$i = 2,764\%$ ao mês

13. Uma empresa tem observado um crescimento exponencial médio de 12% ao ano na demanda física de seus produtos. Mantida essa tendência ao longo do tempo, determine em quantos anos dobrará a demanda.

Solução:

$C = 100\%$ do valor do produto

$M = 100\% \times 2 = 200\%$

$i = 12\%$ ao ano

$n = ?$

$M = C \times (1 + i)^n$

$200 = 100 \times (1 + 0,12)^n$

$200 / 100 = (1,12)^n$

$2 = (1,12)^n$

62 MATEMÁTICA FINANCEIRA E ESTATÍSTICA

Utilizaremos a propriedade de logaritmo para encontrar o período:

$n \times \log 1,12 = \log 2$

$n = \log 2 / \log 1,12$

$n = 0,301029996 / 0,049218023$

$n = 6,1163 \approx 6$ anos e 1 mês

14. (TÉCNICO – 1/2003) Um empréstimo é obtido sob o regime de capitalização composta, a uma taxa de juros trimestral de 9,54%. Se os juros cobrados são iguais a 1/5 do valor do empréstimo, o tempo de duração deste é:

a) 189 dias.
b) 2,45 trimestres.
c) 2 meses.
d) 0,5 ano.

Solução:

Considere o valor do capital como R$ 1,00 (100%)
Taxa de juros: 9,54% ao trimestre
O montante (M) = valor presente (C) + juros (J)
J = R$ 1,00 × 1/5 = R$ 0,20
M = R$ 1,00 + R$ 0,20 = R$ 1,20

Aplicando na fórmula de juros compostos, temos:
$M = C \times (1 + i)^n$
$R\$ 1,20 = R\$ 1,00 \times (1,0954)^n$
$R\$ 1,20 / R\$ 1,00 = (1,0954)^n$
$1,2 = (1,0954)^n$

Utilizando a propriedade de logaritmo de base 10, temos:
$\log 1,2 = n \times \log 1,0954$
$n = \log 1,2 / \log 1,0954$
$n = 0,0792 / 0,0396$
$n = 2$ trimestres = 1 semestre = 0,5 ano

Resposta: letra d.

Capítulo 3 – Capitalização composta **63**

15. Uma empresa analisa seu faturamento e observa que nos últimos anos está crescendo a uma taxa geométrica de 7,1% ao semestre. Continuando nesse crescimento, em quantos anos o faturamento irá triplicar?

Solução:

Considere o capital = 100% do valor do produto

$M = 100\% \times 3 = 300\%$

$i = 7,1\%$ ao semestre

$n = ?$

$M = C \times (1 + i)^n$

$300 = 100 \times (1 + 0,071)^n$

$300 / 100 = (1,071)^n$

$3 = (1,071)^n$

Utilizaremos a propriedade de logaritmo para encontrar o período:

$n \times \log 1,071 = \log 3$

$n = \log 3 / \log 1,071$

$n = 0,477121255 / 0,029789471$

$n = 16$ semestres ou 8 anos

16. Determine em que prazo um empréstimo de R$ 110.000,00 pode ser quitado em um único pagamento de R$ 133.869,39, sabendo que a taxa contratada é de 1,65% ao mês, pelo regime de juro composto.

Solução:

$C = R\$ 110.000,00$

$M = R\$ 133.869,39$

$i = 1,65\%$ ao mês

$n = ?$

$M = C \times (1 + i)^n$

64 MATEMÁTICA FINANCEIRA E ESTATÍSTICA

$R\$ 133.869,39 = R\$ 110.000,00 \times (1 + 0,0165)^n$

$R\$ 133.869,39 / R\$ 110.000,00 = (1,0165)^n$

$1,216994455 = (1,0165)^n$

Utilizando a propriedade de logaritmo, temos:

$n \times \log 1,0165 = \log 1,216994455$

$n = \log 1,216994455 / \log 1,0165$

$n = 0,085288599 / 0,007107383$

$n = 12$ meses

17. Durante quanto tempo R$ 125.000,00 produzem R$ 222.266,65, a uma taxa de juros nominal a 24,4% ao ano, capitalizados semestralmente?

Solução:

$C = R\$ 125.000,00$

$M = R\$ 222.266,65$

$i = 24,4\%$ ao ano $/ 2 = 12,2\%$ ao semestre

$n = ?$

$M = C \times (1 + i)^n$

$R\$ 222.266,65 = R\$ 125.000,00 \times (1 + 0,122)^n$

$R\$ 222.266,65 / R\$ 125.000,00 = (1,122)^n$

$1,77813312 = (1,122)^n$

Utilizando a propriedade de logaritmo, temos:

$n \times \log 1,122 = \log 1,7781332$

$n = \log 1,7781332 / \log 1,122$

$n = 0,249964291 / 0,049992857$

$n = 5$ semestres

18. Um capital de R$ 87.000,00, depositado em juros compostos, à taxa de 3,05% ao bimestre, montou ao fim de certo tempo a quantia de R$ 132.492,47. Qual foi esse tempo?

Capítulo 3 – Capitalização composta **65**

Solução:

C = R$ 87.000,00
M = R$ 132.492,47
$i = 3,05\%$ ao bimestre
n = ?
$M = C \times (1 + i)^n$
R$ 132.492,47 = R$ 87.000,00 $\times (1 + 0,0305)^n$
R$ 132.492,47 / R$ 87.000,00 $= (1,0305)^n$
$1,522901954 = (1,0305)^n$

Utilizando a propriedade de logaritmo, temos:
$n \times \log 1,0305 = \log 1,522901954$
$n = \log 1,522901954 / \log 1,0305$
$n = 0,182671944 / 0,013047996$
$n = 14$ bimestres

19. Uma senhora recebe uma proposta para investir, hoje, a quantia de R$ 15.000,00 para receber R$ 19.503,11 daqui a 10 meses. Qual a taxa de rentabilidade mensal em juros compostos que irá auferir?

Solução:

C = R$ 15.000,00
M = R$ 19.503,11
$n = 10$ meses
$i = ?$
$M = C \times (1 + i)^n$
R$ 19.503,11 = R$ 15.000,00 $\times (1 + i)^{10}$
R$ 19.503,11 / R$ 15.000,00 $= (1 + i)^{10}$
$1,30 = (1 + i)^{10}$
$\sqrt[10]{1,30} = \sqrt[10]{(1 + i)^{10}}$
$i = 1,0266 - 1$

66 MATEMÁTICA FINANCEIRA E ESTATÍSTICA

$i = 0,0266 \times 100$

$i = 2,66\%$ ao mês

20. Calcule a taxa efetiva anual de juros capitalizados trimestralmente para que o capital de R$ 30.000,00 renda, em 5 anos, R$ 21.013,41.

Solução:

$C = R\$ 30.000,00$

$J = R\$ 21.013,41$

$M = C + J$

$M = R\$ 30.000,00 + R\$ 21.013,41 = R\$ 51.013,41$

$n = 5$ anos $\times$ 4 trimestres $= 20$ trimestres

$i = ?$

$M = C \times (1 + i)^n$

$R\$ 51.021,41 = R\$ 30.000,00 \times (1 + i)^{20}$

$R\$ 51.021,41 / R\$ 30.000,00 = (1 + i)^{20}$

$1,70 = (1 + i)^{20}$

$\sqrt[20]{1,70} = \sqrt[20]{(1+i)^{20}}$

$1,0269 = 1 + i$

$i = 1,0269 - 1$

$i = 0,0269 \times 100$

$i = 2,69\%$ ao trimestre

21. Uma empresa está analisando um possível empréstimo junto a um banco, no valor de R$ 140.000,00, com prazo de vencimento de 24 meses. A taxa nominal de juros anual cobrada pelo banco é de 42%. Qual o seu montante no regime de capitalização linear e exponencial?

Solução:

$C = R\$ 140.000,00$

$n = 24$ meses

Capítulo 3 – Capitalização composta **67**

$i = 42\%$ ao ano $/ 12 = 3,5\%$ ao mês
$M = ?$

Primeiro passo: encontrar o montante a juros simples.
$M = C \times (1 + i \times n)$
$M = R\$ 140.000,00 \times (1 + 0,035 \times 24)$
$M = R\$ 140.000,00 \times (1 + 0,84)$
$M = R\$ 140.000,00 \times 1,84$
$M = R\$ 257.600,00$

Segundo passo: encontrar o montante a juros compostos.
$M = C \times (1 + i)^n$
$M = R\$ 140.000,00 \times (1 + 0,035)^{24}$
$M = R\$ 140.000,00 \times (1,035)^{24}$
$M = R\$ 140.000,00 \times 2,283328487$
$M = R\$ 319.665,99$

22. Um investidor resgatou um título de R$ 225.500,00. Após 18 meses de sua compra, a taxa aceita por ele foi de 18% ao ano. Quanto desembolsou pelo título?

Solução:

$M = R\$ 225.500,00$
$i = 18\%$ ao ano
$n = 18$ meses $/ 12 = 1,5$ (1 ano e meio)
$C = ?$
$C = M / (1 + i)^n$
$C = R\$ 225.500,00 / (1 + 0,18)^{1,5}$
$C = R\$ 225.500,00 / (1,18)^{1,5}$
$C = R\$ 225.500,00 / 1,28108098$
$C = R\$ 175.923,37$

23. Pedro e Paulo são sócios e resolvem aplicar hoje em um fundo de investimento R$ 100.000,00 e mais R$ 100.000,00 ao

68 MATEMÁTICA FINANCEIRA E ESTATÍSTICA

final do 6º mês. Qual o montante ao final do 18º mês? A taxa de juros conseguida foi de 2,6% ao mês.

Solução:

$C_1 = R\$ 100.000,00$

$C_2 = R\$ 100.000,00$

$n_1 = 6$ meses

$n_2 = 12$ meses

$i = 2,6\%$ ao mês

$M_1 = ?$

$C_{TOTAL} = ?$

$M_2 = $ Montante final?

Primeiro passo: calcular o montante do primeiro investimento.

$M = C \times (1 + i)^n$

$M_1 = R\$ 100.000,00 \times (1 + 0,026)^6$

$M_1 = R\$ 100.000,00 \times (1,026)^6$

$M_1 = R\$ 100.000,00 \times 1,166498446$

$M_1 = R\$ 116.649,84$

Segundo passo: calcular o montante do segundo investimento e mais o já investido. Mas antes, será preciso somar os dois valores.

$C_{TOTAL} = M_1 + C_2$

$C_{TOTAL} = R\$ 116.649,84 + R\$ 100.000,00$

$C_{TOTAL} = R\$ 216.649,84$ (montam o capital neste instante –
           – final do 6º mês)

$M_2 = C_{TOTAL} \times (1 + i)^n$

$M_2 = R\$ 216.649,84 \times (1,026)^{12}$

$M_2 = R\$ 216.649,84 \times 1,360718625$

$M_2 = R\$ 294.799,47$

24. (TÉCNICO – 2/2003) O tesoureiro de uma empresa decidiu realizar uma aplicação financeira de R\$ 10.000,00 para ser

Capítulo 3 – Capitalização composta **69**

resgatada ao final de 15 meses, à taxa nominal dos juros de 18% ao ano. O valor a ser resgatado no final do período, se considerarmos a capitalização dos juros mensal, anual e ao final do contrato, respectivamente, é de:

a) R$ 14.658,74; R$ 14.587,65 e R$ 14.375,00
b) R$ 13.568,65; R$ 13.498,25 e R$ 13.275,00
c) R$ 12.502,32, R$ 12.298,51 e R$ 12.250,00
d) R$ 11.494,32; R$ 11.502,58 e R$ 11.150,00

Solução:

Primeiro passo: encontrar o valor da aplicação com capitalização mensal.

Transformar a taxa de juros anual em mensal:

$C = R\$\ 10.000,00;$

$n = 15$ meses;

$i = 18\%$ ao ano $/ 12 = 1,5\%$ ao mês;

$M = ?$

$M = C \times (1 + i)^n$

$M = R\$\ 10.000,00 \times (1,015)^{15}$

$M = R\$\ 12.502,32$

Segundo passo: encontrar o valor da aplicação com capitalização anual.

$n = 15$ meses $/ 12 = 1,25$

$M = C \times (1 + i)^n$

$M = R\$\ 10.000,00 \times (1,18)^{1,25}$

$M = R\$\ 12.298,51$

Terceiro passo: encontrar o valor da aplicação com capitalização no período do contrato.

Adicionar uma taxa trimestral a taxa anual, ficando assim:

$i = 18\%$ ao ano $+ 4,5\%$ ao trimestre $= 22,5\%$ no período

$n = 1$ período

70 MATEMÁTICA FINANCEIRA E ESTATÍSTICA

$M = C \times (1 + i)^n$
$M = R\$ 10.000,00 \times (1,225)^1$
$M = R\$ 12.250,00$

Resposta: letra c.

25. Uma pessoa precisará de R\$ 30.000,00 daqui a 12 meses e de R\$ 40.000,00 daqui a 24 meses. Qual o capital a ser depositado por ela, se o banco oferece uma taxa efetiva de rentabilidade de 15% ao ano?

Solução:

Primeiro passo: calcular o primeiro capital (C_1).
$M_1 = R\$ 30.000,00$
$n = 12$ meses $= 1$ ano
$i = 15\%$ ao ano
$C_1 = ?$
$C_1 = M_1 / (1 + i)^n$
$C_1 = R\$ 30.000,00 / (1 + 0,15)^1$
$C_1 = R\$ 30.000,00 / (1,15)$
$C_1 = R\$ 26.086,96$

Segundo passo: calcular o segundo capital (C_2).
$C_2 = ?$
$C_2 = M_2 / (1 + i)^n$
$C_2 = R\$ 40.000,00 / (1 + 0,15)^2$
$C_2 = R\$ 40.000,00 / (1,15)^2$
$C_2 = R\$ 30.245,75$

Agora é só somar os dois capitais encontrados:
$C_{TOTAL} = C_1 + C_2$
$C_{TOTAL} = R\$ 26.086,96 + R\$ 30.245,75$
$C_{TOTAL} = R\$ 56.332,71$

Capítulo 3 – Capitalização composta **71**

26. Um poupador tem duas alternativas que oferecem uma taxa de 1,5% ao mês. Qual a melhor opção: receber R$ 22.500,00 de hoje a 6 meses ou receber R$ 25.500,00 de hoje a 12 meses?

Solução:

Primeiro passo: encontrar a primeira opção.

$M = C \times (1 + i)^n$

$i = 1,5\%$ ao mês

$n = 6$ meses

$M = R\$ 22.500,00$

$C = ?$

$C_1 - M_1 / (1 + i)^n$

$C_1 = R\$ 22.500,00 / (1 + 0,015)^6$

$C_1 = R\$ 22.500,00 / (1,015)^6$

$C_1 = R\$ 22.500,00 / 1,093443264$

$C_1 = R\$ 20.577,20$

Segundo passo: encontrar a segunda opção.

$C_2 = M_2 / (1 + i)^n$

$C_2 = R\$ 25.500,00 / (1,015)^{12}$

$C_2 = R\$ 25.500,00 / 1,195618171$

$C_2 = R\$ 21.327,88$

É melhor receber R$ 25.500,00 ao final de um ano, pois apresenta maior valor presente.

27. (CONTADOR – 1º/2004) O valor a ser resgatado ao final do período de 24 meses de uma aplicação financeira de R$ 12.000,00 com a taxa nominal de juros contratados de 1% ao mês, se considerarmos a capitalização mensal dos juros, é de:

a) R$ 14.880,00.

b) R$ 15.052,80.

c) R$ 15.236,82.

d) R$ 15.680,00.

72 MATEMÁTICA FINANCEIRA E ESTATÍSTICA

Solução:

C = R$ 12.000,00

n = 24 meses

$i = 1\%$

M = ?

Encontrar o montante desta aplicação:

$M = C \times (1 + i)^n$

$M = R\$ 12.000,00 \times (1,01)^{24}$

$M = R\$ 12.000,00 \times 1,269734649$

M = R$ 15.236,82

Resposta: letra c.

28. Uma pessoa tem uma dívida de R$ 3.500,00, vencíveis daqui a 12 meses, e de R$ 7.000,00 de hoje a 24 meses. Quanto ela precisa depositar em uma conta que remunera 2,5% ao mês, de modo que possa fazer os saques necessários para honrar os seus compromissos:

a) se não permanece saldo final e;
b) se permanece um saldo igual a R$ 5.000,00 na conta?

Solução:

$M_1 = R\$ 3.500,00$

$n_1 = 12$ meses

$i = 2,5\%$ ao mês

$C_1 = ?$

a) Primeiro passo: encontrar o valor presente da primeira dívida.

$C_1 = M_1 / (1 + i)^n$

$C_1 = R\$ 3.500,00 / (1 + 0,025)^{12}$

$C_1 = R\$ 3.500,00 / (1,025)^{12}$

$C_1 = R\$ 3.500,00 / 1,344888824$

$C_1 = R\$ 2.602,45$

Capítulo 3 – Capitalização composta **73**

Segundo passo: encontrar o valor presente da segunda dívida.

$M_2 = R\$ 7.000,00$

$n_2 = 24$ meses

$i = 2,5\%$ ao mês

$C_2 = ?$

$C_2 = M_1 / (1 + i)^n$

$C_2 = R\$ 7.000,00 / (1 + 0,025)^{24}$

$C_2 = R\$ 7.000,00 / (1,025)^{24}$

$C_2 = R\$ 7.000,00 / 1,80872595$

$C_2 = R\$ 3.870,13$

Agora, vamos somar os dois capitais encontrados:

$C_{TOTAL} = C_1 + C_2$

$C_{TOTAL} = R\$ 2.602,45 + R\$ 3.870,13$

$C_{TOTAL} = R\$ 6.472,58$ valor depositado hoje

b) Primeiro passo: encontrar o valor futuro daqui a 24 meses.

$M = C \times (1 + i)^n$

$M = R\$ 6.472,58 \times (1,025)^{24}$

$M = R\$ 6.472,58 \times 1,80872595$

$M = R\$ 11.707,12$

Segundo passo: é necessário somar o montante encontrado com os R\$ 5.000,00 que permanecerão de saldo.

$M = R\$ 11.707,12 + R\$ 5.000,00$

$M = R\$ 16.707,12$

Feito isso, tem-se que achar o valor presente desse montante:

$C = M / (1 + i)^n$

$C = R\$ 16.707,12 / (1,025)^{24}$

$C = R\$ 16.707,12 / 1,80872595$

$C = R\$ 9.236,96$

29. Um poupador precisará de R\$ 50.000,00 ao final de 15 meses. Se a taxa de juros for de 2,4% ao mês, capitalizada mensalmente, quanto ele precisa depositar hoje?

74 MATEMÁTICA FINANCEIRA E ESTATÍSTICA

Solução:

$M = R\$ 50.000,00$

$n = 15$ meses

$i = 2,4\%$ ao mês

$C = ?$

$C = M / (1 + i)^n$

$C = R\$ 50.000,00 / (1 + 0,024)^{15}$

$C = R\$ 50.000,00 / (1,024)^{15}$

$C = R\$ 50.000,00 / 1,427247693$

$C = R\$ 35.032,46$

30. O banco fez uma oferta a um aplicador: trocar um título vencível daqui a 12 meses, que apresenta valor de resgate de R$ 51.500,00, por outro pertencente ao investidor, cujo vencimento se dará daqui a 7 meses, sendo seu montante de R$ 44.870,00. A taxa corrente oferecida pelo banco é de 2,5% ao mês. A troca desses títulos será vantajosa para o investidor? Qual o rendimento da nova aplicação proposta pelo banco?

Solução:

$n = 12 - 7 = 5$ períodos propostos, além do já existente.

Tomemos por capital inicial (C) o título do investidor R$ 44.870,00

O título oferecido pelo banco como montante (M) $= R\$ 51.500,00$

$i = ?$

$M = C \times (1 + i)^n$

$R\$ 51.500,00 = R\$ 44.870,00 \times (1 + i)^5$

$R\$ 51.500,00 / R\$ 44.870,00 \times (1 + i)^5$

$1,147760196 = (1 + i)^5$

$\sqrt[5]{1,147760196} = \sqrt[5]{(1+i)^5}$

$1,027945837 - 1 = i$

$i = 0,027945837 \times 100$

$i = 2,79\%$ ao mês

Capítulo 3 – Capitalização composta 75

Sim, a troca é vantajosa para o investidor, pois a taxa mensal é maior.

31. Um banco emprestou a importância de R$ 250.000,00 por um prazo de 3 anos. Ele cobrou uma taxa de 36% ao ano, com capitalização bimestral. Qual a taxa efetiva anual e qual o montante a ser auferido pelo banco?

Solução:

$C = R\$ 250.000,00$

$i = 36\%$ ao ano / 6 = 6% ao bimestre

$n = 3$ anos $\times$ 6 = 18 bimestres

i_a = taxa anual?

$M = ?$

$M = C \times (1 + i)^n$

$M = R\$ 250.000,00 \times (1,06)^{18}$

$M = R\$ 250.000,00 \times 2,854339153$

$M = R\$ 713.584,79$, esse foi o montante conquistado pelo banco.

Agora vamos encontrar a taxa efetiva anual:

$i_a = (1 + i)^n - 1$

$i_a = (1 + 0,06)^6 - 1$

$i_a = (1,06)^6 - 1$

$i_a = 1,418519112 - 1$

$i_a = 0,418519112 \times 100$

$i_a = 41,8519\%$, essa é a taxa efetiva anual.

32. (TÉCNICO – 1/2004) O valor a ser resgatado ao final do período de 24 meses de uma aplicação financeira de R$ 15.000,00, com a taxa nominal de juros contratados de 1% ao mês, se considerarmos a capitalização mensal dos juros, é de:

a) R$ 18.600,00.

b) R$ 18.816,00.

c) R$ 19.046,02.
d) R$ 19.443,20.

Solução:

C = R$ 15.000,00
n = 24 meses
i = 1% ao mês
M = ?
M = C × (1 + i)^n
M = R$ 15.000,00 × (1,01)^{24}
M = R$ 15.000,00 × 1,269734649
M = R$ 19.046,02

Resposta: letra c.

33. Paulo tem obrigações financeiras com Pedro, dívidas pagáveis:

- de R$ 20.000,00 vencíveis no fim de 1 mês;
- de R$ 30.000,00 vencíveis no fim de 4 meses;
- de R$ 40.000,00 vencíveis no fim de 9 meses.

Passando por dificuldades financeiras, Paulo propõe a Pedro substituir os pagamentos combinados por 2 pagamentos iguais, vencendo o 1º de hoje a 12 meses e o 2º no fim de 15 meses. Descubra o valor desses pagamentos para uma taxa de juros de 3% ao mês.

Solução:

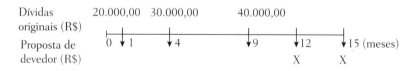

Igualando as dívidas à proposta do devedor, temos:

PGTO$_1$ / (1 + i)^n + PGTO$_2$ / (1 + i)^n + PGTO$_3$ / (1 + i)^n =
= X / (1 + i)^n + X / (1 + i)^n

Capítulo 3 – Capitalização composta **77**

R$ 20.000,00 / $(1,03)^1$ + R$ 30.000,00 / $(1,03)^4$ +
+ R$ 40.000,00 / $(1,03)^9$ = X / $(1,03)^{12}$ + X / $(1,03)^{15}$
R$ 19.417,48 + R$ 26.654,61 + R$ 30.656,67 = 0,70137988 X +
+ 0,641861947 X
R$ 76.728,76 = 1,343241827 X
X = R$ 76.728,76 / 1,343241827
X = R$ 57.122,07

Paulo propõe a Pedro pagar 2 parcelas de R$ 57.122,07 nos 12º e 15º meses, respectivamente.

34. (CONTADOR – 2/2003) O tesoureiro de uma empresa decidiu realizar uma aplicação financeira de R$ 15.000,00 para ser resgatada ao final de 15 meses, à taxa nominal dos juros de 18% ao ano. O valor a ser resgatado no final do período, se considerarmos a capitalização dos juros mensal, anual e ao final do contrato, respectivamente, é de:

a) R$ 16.447,65; R$ 16.375,23 e R$ 16.150,00.
b) R$ 17.494,32; R$ 17.753,49 e R$ 17.265,00.
c) R$ 18.753,48, R$ 18.447,77 e R$ 18.375,00.
d) R$ 19.565,48; R$ 19.494,58 e R$ 19.375,00.

Solução:

Primeiro passo: transformar a taxa de juros anual em mensal.

i = 18% ao ano / 12 = 1,5% ao mês

Agora vamos encontrar o montante (M) desejado com capitalização mensal:

M = C × $(1 + i)^n$
M = R$ 15.000,00 × $(1,015)^{15}$
M = R$ 15.000,00 × 1,250232067
M = R$ 18.753,48

Segundo passo: encontrar o montante (M) da aplicação com capitalização anual. E para isso é preciso transformar o período de 15 meses em 1,25 ano (15 / 12).

78 MATEMÁTICA FINANCEIRA E ESTATÍSTICA

$M = C \times (1 + i)^n$

$M = R\$ 15.000,00 \times (1,18)^{1,25}$

$M = R\$ 15.000,00 \times 1,22985103$

$M = R\$ 18.447,77$

Terceiro passo: encontrar o montante (M) da aplicação com capitalização no período do contrato. Para isso é preciso adicionar a taxa de um trimestre a anual.

$i = 18\%$ ao ano $+ 4,5\%$ ao trimestre $= 22,5\%$ no período

$M = C \times (1 + i)^n$

$M = R\$ 15.000,00 \times (1,225)^1$

$M = R\$ 15.000,00 \times 1,225$

$M = R\$ 18.375,00$

Resposta: letra c.

35. (TÉCNICO – 1/2001) Um empréstimo bancário no valor de R\$ 5.000,00 é realizado para um indivíduo. Este deve ser pago após 180 dias, no valor de R\$ 5.180,00. Considerando que no referido período a taxa de inflação foi de 4%, encontre a alternativa correta.

a) O banco recebeu juros menores do que R\$ 180,00.

b) O banco teve uma taxa de juros real neste período de 3,6%.

c) O banco teve prejuízo com esta operação de R\$ 20,00.

d) O banco teve prejuízo com esta operação de R\$200,00.

Solução:

Primeiro passo: conhecer a taxa efetiva dessa transação.

$i = M / C - 1$

$i = R\$ 5.180,00 / R\$ 5.000,00 - 1$

$i = 1,036 - 1$

$i = 0,036 \times 100$

$i = 3,6\%$ no período de 180 dias (1 semestre)

Capítulo 3 – Capitalização composta **79**

Segundo passo: calcular o montante (M) do empréstimo com a taxa de inflação.

n = 1 período (1 semestre)

$M = C \times (1 + i)^n$

$M = R\$ 5.000,00 \times (1,04)^1$

M = R\$ 5.200,00

Agora é só fazer a diferença entre os valores:

Valor pago pelo tomador do empréstimo ao banco = R\$ 5.180,00;

Valor calculado com a taxa de inflação no período = R\$ 5.200,00;

(=) R\$ 5.180,00 − R\$ 5.200,00

(=) − R\$ 20,00

O banco teve um prejuízo de R\$ 20,00, pois a taxa cobrada foi de apenas 3,6% no período, enquanto a inflação foi de 4% nesse mesmo período.

Resposta: letra c.

36. Determine o valor atual que deve ser investido para produzir um montante de R\$ 227.370,81, em um prazo de 2 anos, com uma taxa de capitalização de 15% ao semestre, no regime de juros compostos.

Solução:

M = R\$ 227.370,81

$i = 15\%$ ao semestre

n = 2 anos × 2 semestres = 4 semestres

C = ?

$C = M / (1 + i)^n$

$C = R\$ 227.370,81 / (1 + 0,15)^4$

$C = R\$ 227.370,81 / (1,15)^4$

C = R\$ 227.370,81 / 1,74900625

C = R\$ 130.000,00

80 MATEMÁTICA FINANCEIRA E ESTATÍSTICA

37. Calcule o montante de um capital de R$ 175.000,00, capitalizado mensalmente, a uma taxa de juros compostos de 15% ao semestre, durante 22 meses.

Solução:

C = R$ 175.000,00

n = 22 meses

i = 15% ao semestre / 6 = 2,5% ao mês

M = ?

$M = C \times (1 + i)^n$

$M = R\$ 175.000,00 \times (1 + 0,025)^{22}$

$M = R\$ 175.000,00 \times (1,025)^{22}$

$M = R\$ 175.000,00 \times 1,721571398$

M = R$ 301.274,99

38. Qual o capital que formou um montante de R$ 155.650,23? Sabe-se que a taxa de juros nominal foi de 30% ao ano, durante 2 anos e 8 meses.

Solução:

M = R$ 155.650,23

n = 2 anos e 8 meses = 32 meses

i = 30% ao ano / 12 = 2,5% ao mês

C = ?

$C = M / (1 + i)^n$

$C = R\$ 155.650,23 / (1 + 0,025)^{32}$

$C = R\$ 155.650,23 / (1,025)^{32}$

$C = R\$ 155.650,23 / 2,203756938$

C = R$ 70.629,49

capítulo · 4

Taxas equivalente, proporcional, nominal e efetiva

4.1. TAXAS EQUIVALENTE E PROPORCIONAL

Em juros simples, a taxa equivalente é a mesma taxa proporcional da operação. Por exemplo, uma taxa de 2% ao mês e uma de 24% ao ano são chamadas proporcionais – têm a seguinte relação:

Prazos   Taxas

$$\frac{1}{12} = \frac{2}{24}$$

Onde: 24% ao ano = 12% ao semestre = 6% ao trimestre = 2% ao mês = (24/360)% ao dia. Essas taxas são proporcionais, isto é, se multiplicar ou dividir, chega-se a qualquer uma delas. Em juros compostos, isso não ocorre! Observe: 24% a.a. = 11,3552873% ao semestre = 5,5250147% ao trimestre = 1,8087583% ao mês = 0,059771% ao dia.

Exemplo: a taxa equivalente composta mensal de 24% ao ano é de 1,8087583%, ou seja:

$$i_q = \sqrt[q]{1+i} - 1$$

$$i_q = \sqrt[12]{1,24} - 1$$

$$i_q = 1,018087582 - 1$$

$$i_q = 0,018087582 \text{ ou } 1,8087582\% \text{ ao mês}$$

Se multiplicarmos, por exemplo, 1,8087582% por 12, não vai resultar em 24% ao ano, portanto, 24% ao ano é equivalente a 1,8087582% ao mês, mas não é proporcional.

82 MATEMÁTICA FINANCEIRA E ESTATÍSTICA

Para facilitar melhor o entendimento, admita um capital de R$ 1.000,00 aplicado durante um ano. O mesmo capital e prazo, é indiferente o rendimento de 1,8087582% ao mês ou 5,5250147% ao trimestre. Vejamos:

Quando $i = 1,8087582\%$ ao mês; n = 12 meses

$M = C \times (1 + i)^n$

$M = R\$\ 1.000,00 \times (1,01807582)^{12}$

$M = R\$\ 1.000,00 \times 1,24$

$M = R\$\ 1.240,00$

Quando $i = 5,5250147\%$ ao trimestre; n = 4 meses

$M = C \times (1 + i)^n$

$M = R\$\ 1.000,00 \times (1,055250147)^4$

$M = R\$\ 1.000,00 \times 1,24$

$M = R\$\ 1.240,00$

4.2. TAXAS NOMINAL E EFETIVA

A taxa nominal é aquela cujo período de capitalização não coincide com o qual ela se refere. Ela não revela a taxa efetiva da operação. Por outro lado, a taxa efetiva é a taxa real da transação, a que efetivamente está sendo cobrada. Ou seja, é a taxa efetiva de juros apurada em todo o período n, formada exponencialmente, através do respectivo prazo da capitalização. É apurada através da expressão:

$$\text{Taxa efetiva } (i) = (1 + i)^n - 1$$

EXERCÍCIOS:

01. Admita então uma taxa nominal de 24% ao ano, capitalizada mensalmente durante 1 ano.

Capítulo 4 – Taxas equivalente, proporcional, nominal e efetiva **83**

Solução:

Taxa nominal $= 24\%$ ao ano $/ 12 = 2\%$ ao mês
Taxa efetiva $(i) = (1 + i)^n - 1$
Taxa efetiva $(i) = (1 + 0,02)^{12} - 1$
Taxa efetiva $(i) = (1,02)^{12} - 1$
Taxa efetiva $(i) = 1,26824 - 1$
Taxa efetiva $(i) = 26,824\%$ ao ano

Percebe-se que a taxa nominal não diz o que efetivamente foi apurado no decorrer de todo o período. A taxa nominal de 24% ao ano, capitalizada mensalmente, revela uma taxa efetiva de juros de 26,824% ao ano.

02. Agora vamos utilizar valor monetário para melhor entendimento. Um capital de R$ 2.000,00 é depositado em um banco durante um ano, a uma taxa nominal anual de 36%, capitalizada mensalmente. Qual é o valor ao final desse período?

Solução:

$C = R\$\ 2.000,00$
$n = 1$ ano $= 12$ meses
$i = 36\%$ ao ano $/ 12 = 3\%$ ao mês
$M = ?$
$M = C \times (1 + i)^n$
$M = R\$\ 2.000,00 \times (1,03)^{12}$
$M = R\$\ 2.000,00 \times 1,425760887$
$M = R\$\ 2.851,52$

capítulo · 5

Descontos

A operação de desconto é a diferença entre o valor do resgate de um título e o seu valor presente ou valor atual (na data da operação). O valor de resgate também é conhecido como valor nominal, valor de face ou valor futuro de um título.

5.1. DESCONTO POR DENTRO (OU RACIONAL)

O desconto por dentro, também chamado racional, tem as mesmas características dos juros simples, ou seja, todos os conceitos e relações básicas atribuída a ele. Portanto, D, o desconto por dentro; o (V_d), valor descontado (capital ou valor atual); i, a taxa; n, o período (prazo); e N, o título do desconto. Tem-se as seguintes expressões:

$$\boxed{D = V_d \times i \times n} \qquad \boxed{N = V_d \times (1 + i \times n)} \qquad \boxed{V_d = N / (1 + i \times n)}$$

EXERCÍCIOS:

01. (TÉCNICO – 1/2003) A taxa de juros simples de uma operação de desconto simples, em que o desconto foi igual a um décimo do valor do título, faltando 90 dias para vencer, é de:

a) $i\% = 3{,}03\%$ ao mês.
b) $i\% = 3{,}33\%$ ao mês.

86 MATEMÁTICA FINANCEIRA E ESTATÍSTICA

c) $i\% = 3,57\%$ ao mês.

d) $i\% = 3,70\%$ ao mês.

Solução:

Primeiro passo: encontrar o valor descontado.

A transação foi feita em regime de capitalização simples.

Tomemos o valor do título (N) por R$ 100,00 (100%)

$D = R\$ 100,00 \times 1 / 10 = R\$ 10,00$

$n = 90$ dias $/ 30 = 3$ meses

Valor descontado $(V_d) = ?$

$V_d = N - D$

$V_d = R\$ 100,00 - R\$ 10,00$

$V_d = R\$ 90,00$

Segundo passo: encontrar a taxa de juros da operação.

$i = ?$

$D = V_d \times i \times n$

$R\$ 10,00 = R\$ 90,00 \times i \times 3$

$i = R\$ 10,00 / R\$ 270$

$i = 0,0370 \times 100$

$i = 3,70\%$

Resposta: letra d.

02. Um título no valor de R$ 3.000,00, com vencimento daqui a 1 ano e meio, será liquidado 3 meses antes. A taxa simples é de 24% ao ano. Calcule o valor descontado e o desconto do referido título.

$N = R\$ 3.000,00$

$n = 3$ meses

$i = 24\%$ ao ano $/ 12 = 2\%$ ao mês

$D = ?$

$V_d = ?$

$V_d = N / (1 + \times i \times n)$

Capítulo 5 – Descontos 87

V_d = R$ 3.000,00 / (1 + × 0,02 × 3)
V_d = R$ 3.000,00 / 1,06
V_d = R$ 2.830,19
D = N − V_d
D = R$ 3.000,00 − R$ 2.830,19
D = R$ 169,81

03. Uma duplicata foi resgatada 6 meses antes da data de vencimento. Seu valor descontado resultou em R$ 5.760,00, a uma taxa de 2% ao mês. Qual o valor do desconto e o da duplicata?

Solução:

V_d = R$ 5.760,00;
n = 6 meses;
i = 2% ao mês;
D = ?
N = ?

Primeiro passo: encontrar o valor do desconto.
D = V_d × i × n
D = R$ 5.760,00 × 0,02 × 6
D = R$ 691,20

Segundo passo: encontrar o valor do título.
N = V_d + D
N = R$ 5.760,00 + R$ 691,20
N = R$ 6.451,20

5.2. DESCONTO SIMPLES BANCÁRIO OU COMERCIAL

Este tipo de desconto incide sobre o valor nominal do título ou valor futuro, pois proporciona maiores encargos financeiros nas operações. Ele é amplamente utilizado pelo mercado brasileiro, em operações de créditos bancário e comercial e nas chamadas operações de "desconto

88 MATEMÁTICA FINANCEIRA E ESTATÍSTICA

de duplicatas" realizadas pelos bancos, sendo, por essa razão, também conhecido por desconto bancário ou comercial.

Podemos representar por D_b (desconto bancário) o valor monetário do desconto; N o seu valor futuro (ou valor nominal assumido pelo título na data do seu vencimento); e V_d o valor descontado (creditado) ou pago ao seu titular. Ou seja:

$$\boxed{D_b = N - V_d} \qquad \boxed{D_b = N \times d \times n} \qquad \boxed{V_d = N \times (1 - d \times n)}$$

Onde d representa a taxa de desconto e n o período (prazo).

EXERCÍCIOS:

01. Seja um título de valor nominal de R$ 40.000,00 vencível em um ano, sendo liquidado 3 meses antes de seu vencimento, e de 36% ao ano a taxa nominal de juros. Calcular o desconto e o valor descontado dessa operação.

Solução:

Valor descontado (R$) 36.400,00

↓0   ↓9   ↓12 (meses)

Valor do título   R$ 40.000,00

N = R$ 40.000,00

d = 36% ao ano / 12 = 3% ao mês

n = 3

D_b = ?

V_d = ?

Primeiro passo: encontrar o valor do desconto.

$D_b = N \times d \times n$

D_b = R$ 40.000,00 × 0,03 × 3

D_b = R$ 3.600,00 é o valor do desconto

Capítulo 5 – Descontos **89**

Segundo passo: encontrar o valor descontado.

$V_d = N - D_b$

$V_d = R\$ 40.000,00 - R\$ 3.600,00$

$V_d = R\$ 36.400,00$ é o valor descontado

Outro modo de encontrar esse valor é utilizando a fórmula:

$V_d = N \times (1 - d \times n)$

$V_d = R\$ 40.000,00 \times (1 - 0,03 \times 3)$

$V_d = R\$ 40.000,00 \times (1 - 0,09)$

$V_d = R\$ 40.000,00 \times 0,91$

$V_d = R\$ 36.400,00$

Nota:

É importante ressaltar que os juros cobrados pelo título são mais elevados, fato que acontece porque no desconto "por fora", os juros incidem diretamente sobre o valor nominal (valor de resgate), e não sobre o valor atual, como é o caso do desconto racional.

02. Um título de R\$ 8.000,00 vai ser descontado a uma taxa de 3,3% ao mês no prazo de 45 dias antes do vencimento do título. Calcule:

a) o valor do desconto bancário;
b) o valor atual desse título.

Solução:

$N = R\$ 8.000,00$

$n = 45$ dias

$d = 3,3\%$ ao mês $/ 30 = 0,11\%$ ao dia

$D_b = ?$

$V_d = ?$

a) o valor do desconto bancário:

$D_b = N \times d \times n$

$D_b = R\$ 8.000,00 \times 0,0011 \times 45$

$D_b = R\$ 396,00$

90 MATEMÁTICA FINANCEIRA E ESTATÍSTICA

b) o valor atual desse título:

$V_d = N \times (1 - d \times n)$

$V_d = R\$ 8.000,00 \times (1 - 0,0011 \times 45)$

$V_d = R\$ 8.000,00 \times (1 - 0,0495)$

$V_d = R\$ 8.000,00 \times 0,9505$

$V_d = R\$ 7.604,00$

03. Uma duplicata de R\$ 7.600,00 vai ser descontada a uma taxa de 2,2% ao mês. Ainda faltam 60 dias para o vencimento da mesma. Calcule:

a) o valor do desconto bancário;

b) o valor descontado.

Solução:

$N = R\$ 7.600,00$

$n = 60 \text{ dias} / 30 = 2 \text{ meses}$

$d = 2,2\% \text{ ao mês}$

$D_b = ?$

$V_d = ?$

a) O valor do desconto:

$D_b = N \times d \times n$

$D_b = R\$ 7.600,00 \times 0,022 \times 2$

$D_b = R\$ 334,40$

b) O valor descontado:

$V_d = N - D_b$

$V_d = R\$ 7.600,00 - R\$ 334,40$

$V_d = R\$ 7.265,60$

04. Uma nota promissória de R\$ 15.000,00 foi descontada a uma taxa de 2,4% ao mês, faltando 90 dias para o seu vencimento. Sabendo que o desconto comercial foi de R\$ 1.980,00, qual a taxa mensal de juros trabalhada nessa operação comercial?

Solução:

$N = R\$ 15.000,00$
$D_b = R\$ 1.980,00$
$n = 90$ dias $/ 30 = 3$ meses
$d = ?$

$D_b = N \times d \times n$
$d = D_b / N \times n$
$d = R\$ 1.980,00 / R\$ 15.000,00 \times 3$
$d = R\$ 1.980,00 / R\$ 45.000,00$
$d = 0,044 \times 100$
$d = 4,4\%$ ao mês

05. (TÉCNICO – 1/2001) **Com quanto tempo de antecedência um título foi descontado, se o valor do desconto foi igual a 1/5 do valor do título e a taxa de desconto composto foi de 20% ao mês?**

a) 1 trimestre.
b) 2 bimestres.
c) 30 dias.
d) 60 dias.

Solução:

Valor do desconto:
$N =$ Tomemos por R\$ 100,00 (100%).
$D_b = 1 / 5 \times R\$ 100,00 = R\$ 20,00$
$d = 20\%$ ao mês
$n =$ período?

$D_b = N \times d \times n$
$n = D_b / N \times d$
$n = R\$ 20,00 / R\$ 100,00 \times 0,20$
$n = R\$ 20,00 / R\$ 20,00$
$n = 1$ mês $= 30$ dias

Resposta: letra c.

92 MATEMÁTICA FINANCEIRA E ESTATÍSTICA

Nota: este exercício poderia ser resolvido através da fórmula:
$V_d = N \times (1 - d)^n$, de desconto composto "por fora".

06. Uma pessoa deseja substituir um título de R$ 30.000,00 vencível em 3 meses, por outro com vencimento em 6 meses. Sabe- -se que esses títulos podem ser descontados à taxa de 3% ao mês. Qual o valor nominal comercial do novo título?

Solução:

$N_1 = R\$ 30.000,00$

$d = 3\%$ ao mês

$n = 3$ meses (título principal)

$n = 6$ meses (título substituto)

Esse exercício refere-se à equivalência de capitais (valor descontado):

$V_d = N \times (1 - d \times n)$

V_d (título principal) $= V_d$ (título substituto)

$N_1 \times (1 - d \times n) = N_2 \times (1 - d \times n)$

$R\$ 30.000,00 \times (1 - 0,03 \times 3) = N_2 \times (1 - 0,03 \times 6)$

$R\$ 30.000,00 \times 0,91 = N_2 \times 0,82$

$N_2 = R\$ 27.300,00 / 0,82$

$N_2 = R\$ 33.292,68$ é o valor do título substituto

5.3. DESCONTO COM DESPESAS BANCÁRIAS

É uma taxa adicional cobrada pelas instituições financeiras, a fim de cobrir as despesas administrativas e operacionais ocorridas nas operações. Elas são prefixadas e incidem sobre o valor nominal do título. Chamamos de i_{adm} a taxa administrativa cobrada por essas instituições (bancos) em operações de desconto. Tem-se as expressões:

$$D_b = N \times (d \times n + i_{adm})$$

$$V_d = N \times [1 - (d \times n + i_{adm})]$$

Capítulo 5 – Descontos **93**

EXERCÍCIO:

01. Um título de valor nominal de R$ 100.000,00 é descontado em um banco 3 meses antes de seu vencimento. Sabe-se que a taxa mensal de desconto dessa operação é de 3,2% ao mês. O banco cobra 1,6% sobre o valor nominal do título de despesas administrativas (i_{adm}), descontada no momento da liberação dos recursos. Calcule o valor descontado e o desconto.

Solução:

$N = R\$ 100.000,00$

$n = 3$ meses

$d = 3,2\%$ ao mês

Taxa administrativa $(i_{adm}) = 1,6\%$

$V_d = ?$

$D_b = ?$

Primeiro passo: calcular o valor do desconto.

$D_b = (N \times d \times n) + (N \times i_{adm})$

$D_b = N \times (d \times n + i_{adm})$

$D_b = R\$ 100.000,00 \times (0,032 \times 3 + 0,016)$

$D_b = R\$ 100.000,00 \times 0,112$

$D_b = R\$ 11.200,00$

Segundo passo: calcular o valor descontado.

$V_d = N - D_b$

$V_d = R\$ 100.000,00 - R\$ 11.200,00$

$V_d = R\$ 88.800,00$

Outro modo de encontrar esse valor:

$V_d = N - N \times (d \times n + i_{adm})$

$V_d = N \times [1 - (d \times n + i_{adm})]$

$V_d = R\$ 100.000,00 \times [1 - (0,032 \times 3 + 0,016)]$

$V_d = R\$ 100.000,00 \times [1 - 0,112]$

94 MATEMÁTICA FINANCEIRA E ESTATÍSTICA

V_d = R$ 100.000,00 × 0,888
V_d = R$ 88.800,00

5.4. DESCONTO COMPOSTO

O desconto composto, diferentemente do simples, é utilizado basicamente em operações em longo prazo. Esse tipo raramente é usado, pouco se tem conhecimento de transações feitas com essa modalidade. Sua importância está amparada junto à exposição teórica.

É obtido em cálculo exponencial, onde para n (períodos unitários), a taxa de desconto incide, no primeiro período, sobre o valor futuro do título; no segundo período, sobre o valor futuro do título menos o valor do desconto correspondente ao primeiro período, e assim sucessivamente. Logo, temos as expressões:

$$V_d = N \times (1 - d)^n$$

$$D_b = N \times [1 - (1 - d)^n]$$

EXERCÍCIOS:

01. (CONTADOR – 1/2003) Os juros cobrados em uma operação de desconto composto foram iguais a R$ 370,00. Sabendo que o valor do título é de R$ 1.800,00 e que faltavam 75 dias para o vencimento deste, a taxa de desconto mensal aplicada é de:

a) d% = 0,31%
b) d% = 8,22%
c) d% = 8,79%
d) d% = 9,64%

Solução:

Primeiro passo: descobrir o valor descontado (V_d).

n = 75 dias / 30 = 2,5 meses
D_b = R$ 370,00
N = R$ 1.800,00

Capítulo 5 – Descontos **95**

V_d = Valor descontado
d = ?
$V_d = N - D_b$
V_d = R$ 1.800,00 − R$ 370,00
V_d = R$ 1.430,00

Segundo passo: encontrar a taxa de desconto, utilizando a fórmula de desconto composto, em que o fator simples incide sobre o valor do resgate (valor do título).

$V_d = N \times (1 - d)^n$
R$ 1.430,00 = 1.800,00 $\times (1 - d)^{2,5}$
R$ 1.430,00 / R$ 1.800,00 $= (1 - d)^{2,5}$
$0,794444444 = (1 - d)^{2,5}$
$\sqrt[2,5]{0,794444444} = \sqrt[2,5]{(1-d)^{2,5}}$
$0,912064208 = 1 - d$
$0,912064208 - 1 = - d$
$- 0,087935792 = - d$
$d = 0,087935792 \times 100$
$d = 8,79\%$

Resposta: letra c.

02. Uma nota promissória de valor nominal de R$ 120.000,00 é resgatada 3 meses antes de seu vencimento. Qual o valor descontado, sabendo-se que a taxa de juros de desconto composto é de 2,9% ao mês?

Solução:

N = R$ 120.000,00
n = 3 meses
d = 2,9% ao mês
V_d = ?
$V_d = N \times (1 - d)^n$
V_d = R$ 120.000,00 $\times (1 - 0,029)^3$

96 MATEMÁTICA FINANCEIRA E ESTATÍSTICA

$V_d = R\$ 120.000,00 \times (0,971)^3$
$V_d = R\$ 120.000,00 \times 0,915498611$
$V_d = R\$ 109.859,83$

03. Uma duplicata de valor nominal a R\$ 45.000,00 é negociada a desconto composto, 4 meses antes do seu vencimento. A taxa incorporada foi de 4% ao mês. Determine o valor descontado, o desconto e a taxa efetiva de juros dessa transação comercial.

Solução:

$N = R\$ 45.000,00$
$N = 4$ meses
$d = 4\%$ ao mês
$V_d = ?$
$i = ?$
$D_b = ?$

Primeiro passo: encontrar o desconto.
$D_b = N \times [1 - (1 - d)^n]$
$D_b = R\$ 45.000,00 \times [1 - (1 - 0,04)^4]$
$D_b = R\$ 45.000,00 \times [1 - 0,84934656]$
$D_b = R\$ 45.000,00 \times 0,15065344$
$D_b = R\$ 6.779,40$

Segundo passo: encontrar o valor descontado da operação.
$V_d = N \times (1 - d)^n$
$V_d = R\$ 45.000,00 \times (1 - 0,04)^4$
$V_d = R\$ 45.000,00 \times 0,84934656$
$V_d = R\$ 38.220,60$

Ou:
$V_d = N - D_b$
$V_d = R\$ 45.000,00 - R\$ 6.779,40$
$V_d = R\$ 38.220,60$

Capítulo 5 – Descontos 97

Terceiro passo: encontrar a taxa efetiva de juros dessa operação.

$$V_d = R\$\ 38.220,60 \qquad N = R\$\ 45.000,00$$

0 \qquad\qquad 4 (meses)

$$N = V_d \times (1 + i)^n$$
$$R\$\ 45.000,00 = R\$\ 38.220,60 \times (1 + i)^4$$
$$R\$\ 45.000,00 / R\$\ 38.220,60 = (1 + i)^4$$
$$\sqrt[4]{1,177375551} = \sqrt[4]{(1+i)^4}$$
$$1,0416 - 1 = i$$
$$i = 0,0416 \times 100$$
$$i = 4,16\% \text{ ao mês}$$

04. Uma empresa tinha uma dívida com um banco no valor de R\$ 180.00,00, e o vencimento do contrato era para 31/10/2010. Ela resolveu quitar o débito em 31/07/2010 e, como estava antecipando o pagamento, solicitou um desconto composto. O banco o concedeu a uma taxa de 3,1% ao mês. Calcule o valor do desconto e o valor descontado dessa operação financeira.

Solução:

$$N = R\$\ 180.000,00$$
$$n = 3 \text{ meses}$$
$$d = 3,1\% \text{ ao mês}$$
$$D_b = ?$$
$$V_d = ?$$

Primeiro passo: encontrar o desconto concedido.

$$D_b = N \times [1 - (1 - d)^n]$$
$$D_b = R\$\ 180.000,00 \times [1 - (1 - 0,031)^3]$$
$$D_b = R\$\ 180.000,00 \times [1 - (0,969)^3]$$
$$D_b = R\$\ 180.000,00 \times [1 - 0,909853209]$$

98 MATEMÁTICA FINANCEIRA E ESTATÍSTICA

$D_b = R\$ 180.000,00 \times 0,090146791$
$D_b = R\$ 16.226,42$

Segundo passo: encontrar o valor descontado dessa operação.
$V_d = N \times (1 - d)^n$
$V_d = R\$ 180.000,00 \times (1 - 0,031)^3$
$V_d = R\$ 180.000,00 \times (0,969)^3$
$V_d = R\$ 180.000,00 \times 0,909853209$
$V_d = R\$ 163.773,58$

05. Uma nota promissória foi descontada 3 meses antes de seu vencimento. A taxa utilizada foi de 2,9% ao mês, pelo regime de desconto composto. Teve um desconto de R$ 4.500,00. Calcule o valor nominal dessa nota e o valor descontado.

Solução:

$D_b = R\$ 4.500,00$
$n = 3$ meses
$d = 2,9\%$ ao mês
$N = ?$
$V_d = ?$

Primeiro passo: encontrar o valor nominal da nota promissória.
$D_b = N \times [1 - (1 - d)^n]$
$R\$ 4.500,00 = N \times [1 - (1 - 0,029)^3]$
$R\$ 4.500,00 = N \times [1 - 0,915498611]$
$R\$ 4.500,00 = N \times 0,084501389$
$N = R\$ 4.500,00 / 0,084501389$
$N = R\$ 53.253,56$

Segundo passo: encontrar o valor descontado da nota promissória.
$V_d = N - D_b$
$V_d = R\$ 53.253,56 - R\$ 4.500,00$
$V_d = R\$ 48.753,56$

capítulo · 6

Séries de pagamentos

Os fluxos de caixa podem ser verificados como uma série de pagamentos ou de recebimentos, em dinheiro, que se estima ocorrer em determinado período de tempo. É normal, no dia a dia, deparar-se com operações financeiras distintas, por exemplo, empréstimos e financiamentos dos mais variados tipos e formas, com desembolsos sequenciais e periódicos de caixa. Tais como: postecipados, antecipados, diferidos e variáveis.

6.1. ANUIDADES POSTECIPADAS

Indicam que os fluxos de pagamentos ou de recebimentos começam a ocorrer ao final do primeiro intervalo de tempo. Por exemplo, não havendo carência nem antecipação, a prestação inicial de um financiamento é paga ao final do primeiro período do prazo contratado, vencendo as demais em intervalos sequenciais. Pode ser representado graficamente da seguinte forma:

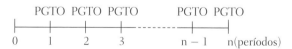

EXERCÍCIOS:

01. (TÉCNICO – 2/2003) Uma empresa contratou um financiamento para ser pago em 12 parcelas iguais de R$ 957,86, pac-

100 MATEMÁTICA FINANCEIRA E ESTATÍSTICA

tuando a taxa nominal dos juros de 30% ao ano, capitalizados mensalmente. O valor liberado no financiamento é de:

a) R$ 9.578,60.
b) R$ 10.000,00.
c) R$ 11.494,32.
d) R$ 12.000,00.

Solução:

(R$) C = ? 957,86 957,86 957,86 957,86 957,86 957,86 957,86

| | | | |------| | | |
0   1   2   3   9   10   11   12 (meses)

Primeiro passo: encontrar a taxa mensal, que, capitalizada mensalmente, formou a taxa de 30% ao ano.

$i = (1 + i)^n - 1$

$i = (1,30)^{1/12} - 1$

$i = 1,02210445 - 1$

$i = 0,02210445 \times 100 = 2,210445\%$ ao mês

Segundo passo: encontrar o valor presente (VP), ou seja, o capital liberado no financiamento.

Fator do valor presente (Capital) $- FVP\ (i, n) = 1 - (1 + i)^{-n} / i$

$VP = PGTO \times 1 - (1 + i)^{-n} / i$

$VP = R\$ 957,86 \times 1 - (1,02210445)^{-12} / 0,02210445$

$VP = R\$ 957,86 \times 10,43994464$

$VP = R\$ 10.000,00$

Resposta: letra b.

02. Foram efetuados 12 depósitos, no final de cada mês, no valor de R$ 500,00, em um fundo de investimento que paga juros de 1,8% ao mês. Calcule o montante acumulado ao final dos seguintes meses:

a) 12º mês.
b) 15º mês.
c) 24º mês.

Solução:

Fator do valor futuro (Montante) − FVF $(i, n) = (1 + i)^n - 1 / i =$
$=$ PGTO $=$ parcelas de depósitos $=$ R\$ 500,00
$i = 1,8\%$ ao mês
$n = 12$ meses
Valor Futuro (VF) $= ?$

a) No 12º mês:
VF = PGTO × FVF (i, n)
VF = PGTO × $(1 + i)^n - 1 / i$
$VF_{12} = $ R\$ 500,00 × $(1,018)^{12} - 1 / 0,018$
$VF_{12} = $ R\$ 500,00 × 0,23720532 / 0,018
$VF_{12} = $ R\$ 500,00 × 13,26225178
$VF_{12} = $ R\$ 6.631,13

Esse valor passa a ser o valor presente neste instante.

b) No 15º mês:
VF = VP × $(1 + i)^n$
$VF_{15} = $ R\$ 6.631,13 × $(1,018)^3$
$VF_{15} = $ R\$ 6.631,13 × 1,054977832
$VF_{15} = $ R\$ 6.995,70

Esse valor passa a ser o valor presente neste instante.

c) 24º mês:
$VF_{24} = $ VP × $(1 + i)^n$
$VF_{24} = $ R\$ 6.995,70 × $(1,018)^9$

$VF_{24} = R\$ 6.995,70 \times 1,174167356$

$VF_{24} = R\$ 8.214,12$

03. Uma pessoa depositou R$ 600,00 durante 10 meses. Quanto ela resgatou ao final desse prazo, se a taxa mensal de juros paga nessa operação foi de 1,65%?

Solução:

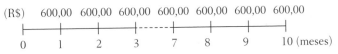

PGTO = parcelas de depósitos = R$ 6.00,00
$i = 1,65\%$ ao mês
$n = 10$ meses
VF = Montante (valor futuro) = ?

$VF = PGTO \times (1 + i)^n - 1 / i$

$VF = R\$ 600,00 \times (1,0165)^{10} - 1 / 0,0165$

$VF = R\$ 600,00 \times 0,177806193 / 0,0165$

$VF = R\$ 600,00 \times 10,7761323$

$VF = R\$ 6.465,68$

04. Uma pessoa contraiu um empréstimo para ser pago em 8 prestações mensais e iguais de R$ 1.200,00 cada, a uma taxa de juros de 3,46% ao mês. No pagamento da 2ª prestação, esta pessoa, passando por dificuldades financeiras, solicitou ao banco que refinanciasse a dívida em 12 prestações mensais, iguais e sucessivas, vencendo a 1ª um mês após essa data. O banco ofereceu uma taxa de juros para o refinanciamento de 3,8% ao mês. Determine o valor de cada prestação do refinanciamento solicitado.

Solução:

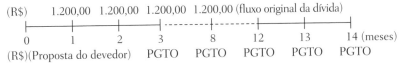

Capítulo 6 – Séries de pagamentos **103**

Primeiro passo: descobrir o valor presente após o pagamento da 2ª parcela.

PGTO = R\$ 1.200,00

$n = 8$

$i = 3,46\%$ ao mês para o empréstimo original

$i = 3,8\%$ ao mês para o refinanciamento da dívida

Valor Presente = ?

$VP = PGTO \times 1 - (1 + i)^{-n} / i$

$VP = R\$ 1.200,00 \times 1 - (1,0346)^{-6} / 0,0346$

$VP = R\$ 1.200,00 \times 0,184610423 / 0,0346$

$VP = R\$ 1.200,00 \times 5,335561361$

$VP = R\$ 6.402,67$

Segundo passo: encontrar o valor das parcelas do refinanciamento.

PGTO = ?

$VP = PGTO \times 1 - (1 + i)^{-n} / i$

$PGTO = VP \times i / 1 - (1 + i)^{-n}$

$PGTO = R\$ 6.402,67 \times 0,038 / 1 - (1,038)^{-12}$

$PGTO = R\$ 243,30 / 0,360807372$

$PGTO = R\$ 674,33$

05. (CONTADOR – 1/2003) Uma casa está sendo vendida por **R\$ 240.000,00** à vista. Se desejarmos financiá-la pelo seguinte plano:

- R\$ 45.000,00 após 60 dias;
- Mais 36 prestações mensais e iguais, sendo a 1ª após 30 dias.

O valor das prestações, se a taxa de juros compostos cobrada é de 3% ao mês, é de:

a) R\$ 5.416,67.

b) R\$ 8.786,47.

c) R\$ 8.931,74.

d) R\$ 9.050,06.

Solução:

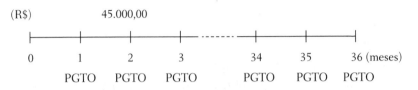

$PGTO_2 = R\$ 45.000,00$
$i = 3\%$ ao mês
Primeiro período (n) = 60 dias = 2 meses
Segundo período (n) = 36 meses
PGTO = ?

Primeiro passo: precisamos descapitalizar o valor a ser pago em 60 dias.

$VP = PGTO_2 / (1 + i)^n$
$VP = 45.000,00 / (1,03)^2$
$VP = R\$ 42.416,82$

Agora é só fazer a diferença do valor à vista:
Valor a ser financiado (C) = R\$ 240.000,00 − R\$ 42.416,82
Valor a ser financiado (C) = R\$ 197.583,18

Segundo passo: encontrar o valor das parcelas do financiamento.
$PGTO = VP \times i / 1 - (1 + i)^{-n}$
$PGTO = R\$ 197.583,18 \times 0,03 / 1 - (1,03)^{-36}$
$PGTO = R\$ 5.927,50 / 0,654967575$
$PGTO = R\$ 9.050,06$

Resposta: letra d.

06. Um empréstimo de R\$ 30.000,00 deve ser liquidado em 4 pagamentos bimestrais crescentes em progressão geométrica a uma razão igual a 2. Sendo de 6% ao bimestre a taxa de juros, qual o valor de cada prestação?

Solução:

VP = R$ 30.000,00
n = 4
i = 6% ao bimestre
q = 2
PGTO = ?

Primeiro passo: encontrar os termos crescentes em progressão geométrica.

$a_n = a_1 \times q^{n-1}$
$a_4 = 1 \times 2^{4-1}$
$a_4 = 2^3 = 8$
$a_3 = 4$
$a_2 = 2$
$a_1 = 1$

Segundo passo: encontrar o valor das parcelas (PGTO).
VP = PGTO / $(1 + i)^1$ + PGTO / $(1 + i)^2$ + PGTO / $(1 + i)^3$ +
   + PGTO / $(1 + i)^4$
R$ 30.000,00 = 1º PGTO / $(1,06)^1$ + 2º PGTO / $(1,06)^2$ +
   + 4º PGTO / $(1,06)^3$ + 8º PGTO / $1,06)^4$
R$ 30.000,00 = PGTO × [1 / $(1,06)^1$ + 2 / $(1,06)^2$ + 4 / $(1,06)^3$ +
   + 8 / $(1,06)^4$]
R$ 30.000,00 = PGTO × [0,943396226 + 1,77999288 +
   + 3,358477132 + 6,336749306]
R$ 30.000,00 = PGTO × 12,41861554
PGTO = R$ 30.000,00 / 12,41861554
PGTO = R$ 2.415,73

Terceiro passo: encontrar os valores das parcelas bimestrais, crescentes em progressão geométrica de razão igual a 2.

$PGTO_n = PGTO$ encontrado × PG crescente
$PGTO_1 = R\$ 2.415{,}73 \times 1 = R\$ 2.415{,}73$
$PGTO_2 = R\$ 2.415{,}73 \times 2 = R\$ 4.831{,}46$
$PGTO_3 = R\$ 2.415{,}73 \times 4 = R\$ 9.662{,}92$
$PGTO_4 = R\$ 2.415{,}73 \times 8 = R\$ 19.325{,}84$

07. Um financiamento no valor de R$ 15.000,00 deve ser pago em 5 parcelas mensais de valores linearmente crescentes na razão de 10%. A 1ª parcela vence de hoje a 30 dias. O contrato foi firmado com uma taxa de juros nominal de 24% ao ano, capitalizada mensalmente. Calcule o valor de cada pagamento desse financiamento.

Solução:

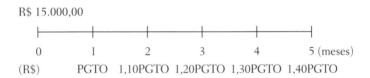

R$ 15.000,00

0   1   2   3   4   5 (meses)
(R$)   PGTO 1,10PGTO 1,20PGTO 1,30PGTO 1,40PGTO

VP = R$ 15.000,00
n = 5 meses
Razão (r) da P.A. = 10% / 100 = 0,10
i = 24% ao ano
PGTO = ?

Primeiro passo: encontrar a taxa juros mensal.
$i = (1 + i)^n - 1$
$i = (1{,}24)^{1/12} - 1$
$i = 1{,}0181 - 1$
$i = 0{,}0181 \times 100$
$i = 1{,}81\%$ ao mês

Segundo passo: encontrar o valor das parcelas.
$VP = PGTO / (1 + i)^1 + PGTO / (1 + i)^2 + PGTO / (1 + i)^3 +$
$+ PGTO / (1 + i)^4 + PGTO / (1 + i)^5$

Deixando em evidência o PGTO, temos:
R$ 15.000,00 = PGTO × [1 / (1,0181)^1 + 1,10 / (1,0181)^2 +
+ 1,20 / (1,0181)^3 + 1,30 / (1,0181)^4 + 1,40 / (1,0181)^5] ⇒
R$ 15.000,00 = PGTO × [0,982221786 + 1,0612356 +
+ 1,137129519 + 1,209989503 + 1,279899438] ⇒
R$ 15.000,00 = PGTO × 5,670475846
PGTO = R$ 15.000,00 / 5,670475846
PGTO = R$ 2.645,28

Terceiro passo: encontrar o valor de cada parcela com crescimento linear de 10%.
PGTO$_n$ = PGTO encontrado × crescimento linear 10%
PGTO$_1$ = R$ 2.645,28 × 1 = R$ 2.645,28
PGTO$_2$ = R$ 2.645,28 × 1,10 = R$ 2.909,81
PGTO$_3$ = R$ 2.645,28 × 1,20 = R$ 3.174,34
PGTO$_4$ = R$ 2.645,28 × 1,30 = R$ 3.438,86
PGTO$_5$ = R$ 2.645,28 × 1,40 = R$ 3.703,39

08. (CONTADOR – 2/2003) Uma empresa contratou um financiamento para ser pago em 12 parcelas iguais de R$ 1.990,53, pactuando a taxa nominal dos juros de 40% ao ano, capitalizados mensalmente. O valor liberado no financiamento é de:
a) R$ 20.000,00.
b) R$ 21.578,60.
c) R$ 22.000,00.
d) R$ 23.886,36.

Solução:

VP = ?

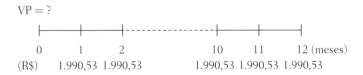

PGTO = R$ 1.990,53
i = 40% ao ano
n = 12
VP = ?

Primeiro passo: encontrar a taxa efetiva de juros mensal.

$i = (1 + i)^n - 1$
$i = (1,40)^{1/12} - 1$
$i = 1,028436156 - 1$
$i = 0,028436156 \times 100 = 2,8436156\%$ ao mês

Segundo passo: encontrar o valor presente desse fluxo.

VP = PGTO × 1 − (1 + i)$^{-n}$ / i
VP = R$ 1.990,53 × 1 − (1,028436156)$^{-12}$ / 0,028436156
VP = R$ 1.990,53 × 0,285714288 / 0,028436156
VP = R$ 1.990,53 × 10,04757071
VP = R$ 20.000,00

Resposta: letra a.

09. Uma pessoa precisará de R$ 20.000,00 ao final de um ano. Está projetando depositar mensalmente em um fundo de investimento a quantia de R$ 1.200,00, a uma taxa de juros de 2,6% ao mês. Qual deverá ser o valor a ser depositado na abertura da conta (momento zero), para que possa obter o montante desejado ao final do período?

Solução:

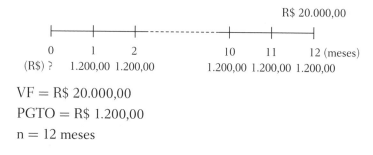

VF = R$ 20.000,00
PGTO = R$ 1.200,00
n = 12 meses

Capítulo 6 – Séries de pagamentos **109**

$i = 2,6\%$ ao mês

$PGTO_0$ (momento zero) = ?

$VF = PGTO_0 \times (1 + i)^n + PGTO \times (1 + i)^n - 1 / i$

$R\$ 20.000,00 = PGTO_0 \times (1,026)^{12} + R\$ 1.200,00 \times$
$\times (1,026)^{12} - 1 / 0,026$

$R\$ 20.000,00 = PGTO_0 \times (1,026)^{12} + R\$ 1.200,00 \times 13,87379327$

$R\$ 20.000,00 = PGTO_0 \times (1,026)^{12} + R\$ 16.648,55$

$PGTO_0 \times 1,360718625 = R\$ 20.000,00 - R\$ 16.648,55$

$PGTO_0 = R\$ 3.351,45 / 1,360718625$

$PGTO_0 = R\$ 2.463,00$

Ou ainda: trazer ao valor presente os R\$ 20.000,00 e as parcelas de R\$ 1.200,00. Subtraindo um pelo outro se chegará ao mesmo valor de $PGTO_0$.

$VP = VF / (1 + i)^n$

$VP_1 = R\$ 20.000,00 / (1,026)^{12}$

$VP_1 = R\$ 14.698,12$

$VP = PGTO \times 1 - (1 + i)^{-n} / i$

$VP_2 = R\$ 1.200,00 \times 1 - (1,026)^{-12} / 0,026$

$VP_2 = R\$ 1.200,00 \times 10,19593105$

$VP_2 = R\$ 12.235,12$

$PGTO_0 = VP_1 - VP_2$

$PGTO_0 = R\$ 14.698,12 - R\$ 12.235,12$

$PGTO_0 = R\$ 2.463,00$

10. (CONTADOR – 1/2004) Em contrato de financiamento de R\$ 22.000,00, a serem pagos em 12 parcelas iguais, fixou-se em 12% ao ano a taxa efetiva de juros, capitalizados mensalmente. Considerando a inflação zero, o valor das parcelas é de:

a) R\$ 1.771,24.

b) R\$ 1.859,80.

c) R\$ 1.948,37.

d) R\$ 1.992,65.

Solução:

VP = R$ 22.000,00
n = 12 meses
i = 12 ao ano
PGTO = ?

Primeiro passo: encontrar a taxa efetiva mensal.

$i = (1 + i)^n - 1$
$i = (1,12)^{1/12} - 1$
$i = 1,009488793 - 1 = 0,009488793$
$i = 0,009488793 \times 100 = 0,9488793\%$ ao mês

Segundo passo: agora vamos encontrar o valor das parcelas (PGTO).

PGTO = VP × $i / 1 - (1 + i)^{-n}$
PGTO = R$ 22.000,00 × $0,009488793 / 1 - (1,009488793)^{-12}$
PGTO = 208,753446 / 0,107142858
PGTO = R$ 1.948,37
Resposta: letra c.

11. Uma pessoa tem uma dívida de 24 prestações mensais de R$ 1.000,00. Precisando ajustar o seu orçamento, propôs ao banco outra forma de pagamento: transformando o fluxo original em uma série de 8 pagamentos trimestrais, iguais e sucessivos. Para uma taxas de juros de 2,35% ao mês, calcule o valor das prestações proposta pelo devedor.

Solução:

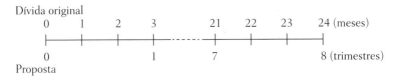

Primeiro passo: encontrar o valor presente da dívida (valor presente).
PGTO = R$ 1.000,00

Capítulo 6 – Séries de pagamentos **111**

n = 24 meses

$i = 2{,}35\%$ ao mês

VP = ?

$VP = PGTO \times 1 - (1 + i)^{-n} / i$

$VP = R\$ 1.000{,}00 \times 1 - (1{,}0235)^{-24} / 0{,}0235$

$VP = R\$ 1.000{,}00 \times 18{,}18497133$

$VP = R\$ 18.184{,}97$

Segundo passo: encontrar o valor das parcelas da proposta.

$i = 2{,}35\%$ ao mês $= 7{,}217\%$ ao trimestre

n = 8 parcelas trimestrais

PGTO = ?

$VP = PGTO \times 1 - (1 + i)^{-n} / i$

$R\$ 18.184{,}97 = PGTO \times 1 - (1{,}07217)^{-8} / 0{,}07217$

$R\$ 18.184{,}97 = PGTO \times 5{,}921407635$

$PGTO = R\$ 18.184{,}97 / 5{,}921407635$

$PGTO = R\$ 3.071{,}06$

12. Um empréstimo de R$ 4.000,00 é concedido a juros de 2% ao mês. O devedor só dispõe de R$ 330,41 mensais para amortecer a dívida. Em quanto tempo conseguirá pagar esse empréstimo?

Solução:

(R$)	330,41	330,41	330,41	330,41	330,41
0	1	2	3	4	n = ? (tempo)

$VP = R\$ 4.000{,}00$

$PGTO = R\$ 330{,}41$

$i = 2\%$ ao mês

n = ?

$VP = PGTO \times 1 - (1 + i)^{-n} / i$

$R\$ 4.000{,}00 = R\$ 330{,}41 \times 1 - (1{,}02)^{-n} / 0{,}02$

112 MATEMÁTICA FINANCEIRA E ESTATÍSTICA

$(R\$\ 4.000,00 \times 0,02) = R\$\ 330,41 \times 1 - (1,02)^{-n}$

$R\$\ 80,00 / R\$\ 330,41 = 1 - (1,02)^{-n}$

$0,242123422 - 1 = - (1,02)^{-n}$

$- 0,757876578 = - (1,02)^{-n}$

Nesse momento utilizaremos a propriedade de logaritmo:

$0,757876578 = (1,02)^{-n}$

$- n \times \log 1,02 = \log 0,757876578$

$- n = (\log 0,757876578) / \log 1,02$

$n = - (- 0,120401515) / 0,008600172$

$n = 14$ parcelas mensais

13. Um produto é vendido por R\$ 3.800,00 à vista ou por 30% de entrada mais prestações mensais de R\$ 414,17. Sendo de 2,2% ao mês a taxa de juros, determine o número de prestações.

Solução:

(R\$)	414,17	414,17	414,17	414,17		414,17

$$0 \qquad 1 \qquad 2 \qquad 3 \qquad 4 \qquad\qquad n = ?\ \text{(tempo)}$$

$VP = R\$\ 3.800,00 - 30\% = R\$\ 2.660,00$ (valor a ser financiado)

$PGTO = R\$\ 414,17$

$i = 2,2\%$ ao mês

$n = ?$

$VP = PGTO \times 1 - (1 + i)^{-n} / i$

$R\$\ 2.660,00 = R\$\ 414,17 \times 1 - (1,022)^{-n} / 0,022$

$(R\$\ 2.660,00 \times 0,022) = R\$\ 414,17 \times 1 - (1,022)^{-n}$

$R\$\ 58,52 / R\$\ 414,17 = 1 - (1,022)^{-n}$

$0,141294638 - 1 = - (1,022)^{-n}$

$- 0,858705363 = - (1,022)^{-n}$

Agora, usaremos a propriedade de logaritmo:

0,858705363 = (1,022)⁻ⁿ
− n × log 1,022 = log 0,858705363
− n = (log 0,858705363) / log 1,022
n = − (− 0,066155825) / 0,009450896
n = 7 prestações mensais

14. Um televisor é vendido por R$ 1.800,00 à vista ou em 3 prestações mensais, iguais e sucessivas de R$ 680,00 cada, vencendo a primeira de hoje a 30 dias. Calcule o custo mensal dessa compra a prazo.

Solução:

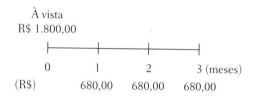

VP = R$ 1.800,00 (valor à vista)
PGTO = R$ 680,00
n = 3 prestações
i = ?

Observação: Como encontrar a taxa de juros por meio de interpolação linear

Primeiro passo: adotemos a taxa de 4% ao mês para descontar o fluxo.
VP = PGTO / (1 + i)¹ + PGTO / (1 + i)² + PGTO / (1 + i)³
VP = 680,00 / (1,04)¹ + 680,00 / (1,04)² + 680,00 / (1,04)³
VP = R$ 653,85 + R$ 628,70 + R$ 604,52
VP = R$ 1.887,06

Segundo passo: como o valor do capital inicial (atual) desses pagamentos é superior a R$ 1.800,00, percebe-se que a taxa procurada é maior que 4%. Vamos tentar com 8%.

114 MATEMÁTICA FINANCEIRA E ESTATÍSTICA

$$VP = PGTO / (1 + i)^1 + PGTO / (1 + i)^2 + PGTO / (1 + i)^3$$
$$VP = 680,00 / (1,08)^1 + 680,00 / (1,08)^2 + 680,00 / (1,08)^3$$
$$VP = R\$ 629,63 + R\$ 582,99 + R\$ 539,81$$
$$VP = R\$ 1.752,43$$

Terceiro passo: o valor encontrado é menor que R\$ 1.800,00, logo a taxa procurada está compreendida entre 4% e 8%. Temos duas taxas como referência. Agora podemos utilizar a interpolação linear.

$$(R\$ 1.887,06 - R\$ 1.752,43) : (4\% - 8\%)$$
$$(R\$ 1.800,00 - R\$ 1.752,43) : (x - 8\%)$$
$$(x - 8\%) = 47,57x (- 4\%) / 134,63$$
$$(x - 8\%) = - 190,28 / 134,63$$
$$x = 8\% - 1,413355121$$
$$x = 6,586644879\%$$

Quarto passo: vamos verificar o valor presente para essa taxa.

$$VP = 680,00 / (1,065866449)^1 + 680,00 / (1,065866449)^2 +$$
$$+ 680,00 / (1,065866449)^3$$
$$VP = R\$ 637,98 + R\$ 598,55 + R\$ 561,57$$
$$VP = R\$ 1.798,10$$

Quinto passo: esse valor ainda é menor que R\$ 1.800,00, logo, a taxa é um pouco menor, então é necessário fazer uma nova interpolação.

$$(R\$ 1.798,10 - R\$ 1.752,43) : (6,5866449\% - 8\%)$$
$$(R\$ 1.800,00 - R\$ 1.798,10) : (x - 6,5866449\%)$$
$$(x - 6,5866449\%) = 1,9x (- 1,4133551\%) / 45,67$$
$$(x - 6,5866449\%) = - 2,68537469 / 45,67$$
$$x = 6,5866449\% - 0,058799533$$
$$x = 6,527845367\%$$

Sexto passo: vamos verificar o valor presente para essa taxa.

$$VP = 680,00 / (1,065278454)^1 + 680,00 / (1,065278454)^2 +$$
$$+ 680,00 / (1,065278454)^3$$

Capítulo 6 – Séries de pagamentos   115

VP = R$ 638,33 + R$ 599,21 + R$ 562,50
VP = R$ 1.800,04 ≈ R$ 1.800,00
A taxa de 6,5278454% é um pouco menor que a taxa de 6,52910722%, que é a taxa exata. Procedendo outra interpolação se chegará a ela.

15. (TÉCNICO – 1/2004) Em contrato de financiamento de R$ 32.000,00 a serem pagos em 12 parcelas iguais, fixou-se em 12% ao ano a taxa efetiva de juros, capitalizados mensalmente. Considerando a inflação zero, o valor das parcelas é de:

a) R$ 2.656,86.
b) R$ 2.745,42.
c) R$ 2.833,99.
d) R$ 2.878,27.

Solução:

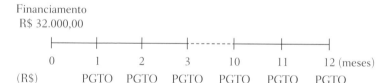

VP = R$ 32.000,00
n = 12 meses
i = 12% ao ano
PGTO = ?

Primeiro passo: encontrar a taxa efetiva mensal.

$i = (1 + i)^n - 1$
$i = (1,12)^{1/12} - 1$
$i = 1,009488793 - 1 = 0,009488793$
$i = 0,009488793 \times 100 = 0,9488793\%$ ao mês

Segundo passo: encontrar o valor das parcelas (PGTO).

$PGTO = VP \times i / 1 - (1 + i)^{-n}$

PGTO = R$ 32.000,00 × 0,009488793 / 1 − (1,009488793)$^{-12}$
PGTO = 303,641376 / 0,107142858
PGTO = R$ 2.833,99

Resposta: letra c.

6.2. ANUIDADES ANTECIPADAS

As séries com termos antecipados indicam pagamentos ou recebimentos antes mesmo do final do primeiro período. Os problemas que envolvem esse tipo de fluxo são resolvidos com os mesmos procedimentos dos fluxos postecipados, bastando apenas multiplicar ou dividir o fator simples $(1 + i)$ pelo resultado obtido, como mostra o gráfico abaixo:

EXERCÍCIOS:

01. Um automóvel tem preço à vista de R$ 26.000,00 ou em 6 parcelas mensais, iguais e sucessivas, sendo a primeira no ato da compra. A taxa de juros usada é de 1,2% ao mês. Qual é o valor das parcelas?

Solução:

VP = R$ 26.000,00
n = 1 + 5 meses = 6 parcelas

$i = 1,2\%$ ao mês
PGTO = ?
VP = PGTO × 1 − (1 + i)⁻ⁿ / i × (1 + i)
R$ 26.000,00 = PGTO × 1 − (1,012)⁻⁶ / 0,012 × (1,012)
R$ 26.000,00 = PGTO × 5,75585138 × (1,012)
PGTO = R$ 26.000,00 / 5,8249216
PGTO = R$ 4.463,58

02. Uma tevê com tela de LCD está sendo negociada em 12 pagamentos mensais, iguais e sucessivos, no valor de R$ 149,97 cada um, tendo o 1º como entrada. A taxa embutida nas parcelas é de 2,46% ao mês. Qual o valor à vista dessa tevê?

Solução:

VP = ?

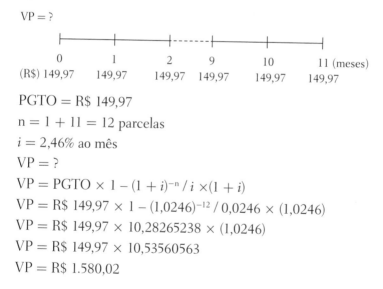

PGTO = R$ 149,97
n = 1 + 11 = 12 parcelas
i = 2,46% ao mês
VP = ?
VP = PGTO × 1 − (1 + i)⁻ⁿ / i ×(1 + i)
VP = R$ 149,97 × 1 − (1,0246)⁻¹² / 0,0246 × (1,0246)
VP = R$ 149,97 × 10,28265238 × (1,0246)
VP = R$ 149,97 × 10,53560563
VP = R$ 1.580,02

03. Uma máquina está à venda por R$ 10.000,00 à vista, ou a prazo, com uma parcela de entrada e outras iguais, mensais e sucessivas, no valor de R$ 1.128,77. A taxa de juros oferecida é de 2,8% ao mês. Quantas parcelas há nessa operação, além da entrada?

Solução:

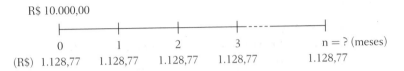

VP = R$ 10.000,00
PGTO = R$ 1.128,77
i = 2,8% ao mês
n = ?

VP = ENTRADA + PGTO × $1 - (1 + i)^{-n} / i$
R$ 10.000,00 = R$ 1.128,77 + R$ 1.128,77 × $1 - (1,028)^{-n} / 0,028$
R$ 10.000,00 − R$ 1.128,77 = R$ 1.128,771 × $1 - (1,028)^{-n} / 0,028$
R$ 8.871,23 = R$ 1.128,771 × $1 - (1,028)^{-n} / 0,028$
R$ 8.871,23 / R$ 1.128,77 = $1 - (1,028)^{-n} / 0,028$
7,8592 × 0,028 = $1 - (1,028)^{-n}$
0,22 − 1 = − $(1,028)^{-n}$
− 0,78 = − $(1,028)^{-n}$

Usando a propriedade de logaritmo, temos:
− n = (log 0,78) / log 1,028
n = − (−0,10790) / 0,01199
n = 9 parcelas

04. Uma pessoa deseja adquirir um equipamento eletrônico cujo valor à vista é de R$ 2.400,00. Ela só dispõe de R$ 323,34 mensais para honrar o compromisso. A taxa oferecida pela loja é de 2,2% ao mês. Efetuando uma entrada no valor possível, quantas mais haverá de pagar?

Solução:

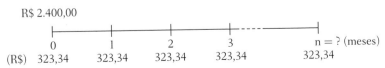

VP = R$ 2.400,00 − R$ 323,34 = R$ 2.076,66
PGTO = R$ 323,34
$i = 2,2\%$ ao mês
n = ?
VP = PGTO × 1 − $(1 + i)^{-n}$ / i
R$ 2.076,66 = R$ 323,34 × 1 − $(1,022)^{-n}$ / 0,022
R$ 2.076,66 / R$ 323,34 = 1 − $(1,022)^{-n}$ / 0,022
6,422527371 × 0,022 = 1 − $(1,022)^{-n}$
0,141295602 − 1 = − $(1,022)^{-n}$
− 0,858704398 = − $(1,022)^{-n}$

Usando a propriedade de logaritmo, temos:
− n = (log 0,858704398) / log 1,022
n = − (− 0,066156313) / 0,009450896
n = 7 parcelas

05. Uma concessionária vende um veículo por R$ 29.000,00 à vista, ou a prazo com 12 prestações mensais, iguais e sucessivas, a 1ª no ato da compra. A taxa de contrato é de 1,1% ao mês. Qual o valor das parcelas?

Solução:

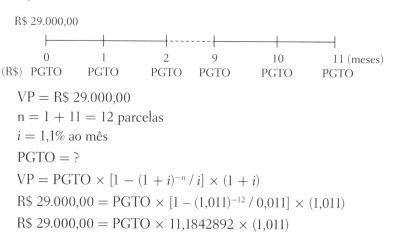

VP = R$ 29.000,00
n = 1 + 11 = 12 parcelas
$i = 1,1\%$ ao mês
PGTO = ?
VP = PGTO × [1 − $(1 + i)^{-n}$ / i] × $(1 + i)$
R$ 29.000,00 = PGTO × [1 − $(1,011)^{-12}$ / 0,011] × (1,011)
R$ 29.000,00 = PGTO × 11,1842892 × (1,011)

PGTO = R$ 29.000,00 / 11,30731638
PGTO = R$ 2.564,71

06. Um computador está sendo vendido em 12 prestações no valor de R$ 200,00. A 1ª será paga de hoje a 15 dias, e as demais de 30 em 30 dias. A taxa de juros cobrada na operação é de 1,8% ao mês. Determine o valor à vista desse equipamento.

Solução:

VP = ?

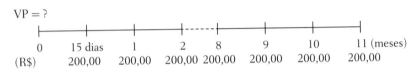

PGTO = R$ 200,00
n = 11 parcelas mensais e 1 em 15 dias
i = 1,8% ao mês = 0,0594841% ao dia
VP = ?
VP = PGTO × [1 − (1 + i)$^{-n}$ / i] × (1 + i)$^{-n}$
VP = R$ 200,00 × [1 − (1,018)$^{-11}$ / 0,018] × (1,000594841)$^{-15}$
VP = R$ 200,00 × 9,899126917 × 0,991119703
VP = R$ 200,00 × 9,811219726
VP = R$ 1.962,24

07. Um imóvel está à venda por R$ 160.000,00 à vista. A construtora o negocia a prazo em 24 pagamentos iguais, mensais e sucessivos, a uma taxa de juros contratual de 2,6% ao mês. Qual o valor das prestações, sabendo que a 1ª é efetuada no ato da compra?

Solução:

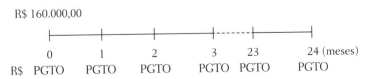

VP = R$ 160.000,00

n = 1 + 23 = 24 parcelas

i = 2,6% ao mês

PGTO = ?

VP = PGTO × [1 − (1 + i)^{-n} / i] × (1 + i)

R$ 160.000,00 = PGTO × [1 − (1,026)^{-24} / 0,026] × (1,026)

R$ 160.000,00 = PGTO × + 17,68897983 × (1,026)

PGTO = R$ 160.000,00 / 18,14889331

PGTO = R$ 8.815,96

08. Uma pessoa deseja abrir uma poupança em nome de seu filho, a partir do seu nascimento, efetuando depósitos anuais de R$ 5.000,00. A taxa de juros está fixada em 0,5% ao mês. Qual o montante ao completar 18 anos?

Solução:

$$VF = ?$$

0	1	2	3	15	16	17	18 (anos)
(R$) 5.000,00	5.000,00	5.000,00	5.000,00	5.000,00	5.000,00	5.000,00	5.000,00

PGTO = R$ 5.000,00

i = 0,5% ao mês = 6,17% ao ano

n = 19 (1 antecipada)

VF = ?

VF = PGTO × [(1 + i)^n − 1 / i] × (1 + i)

VF = R$ 5.000,00 × [(1,0617)^{19} − 1 / 0,0617] × (1,0617)

VF = R$ 5.000,00 × 34,34582771 × 1,0617

VF = R$ 5.000,00 × 36,46496528

VF = R$ 182.324,83

09. Uma pessoa fez 24 depósitos e resgatou um montante de R$ 200.000,00. A taxa de juros bancária foi de 3,2% ao mês. Sendo o 1ª no ato do contrato e os demais mensalmente, qual o valor dos depósitos?

Solução:

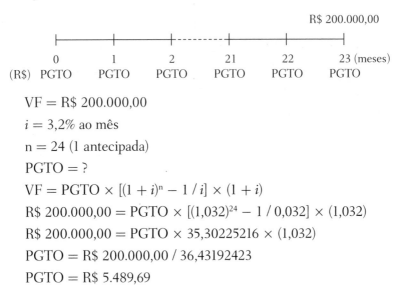

VF = R$ 200.000,00
$i = 3,2\%$ ao mês
n = 24 (1 antecipada)
PGTO = ?
VF = PGTO × $[(1 + i)^n - 1 / i]$ × $(1 + i)$
R$ 200.000,00 = PGTO × $[(1,032)^{24} - 1 / 0,032]$ × $(1,032)$
R$ 200.000,00 = PGTO × 35,30225216 × (1,032)
PGTO = R$ 200.000,00 / 36,43192423
PGTO = R$ 5.489,69

10. O cliente de um banco depositou, durante certo tempo, a importância de R$ 1.000,00 mensalmente, a partir do contrato. A taxa efetiva de juros foi de 1,45% ao mês. Certo dia foi ao banco e resgatou R$ 28.874,61. Qual foi esse tempo?

Solução:

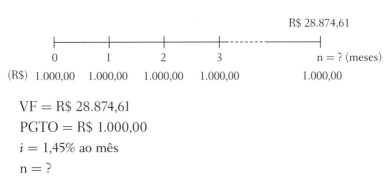

VF = R$ 28.874,61
PGTO = R$ 1.000,00
$i = 1,45\%$ ao mês
n = ?

VF = PGTO × [(1 + i)ⁿ − 1 / i] × (1 + i)
R$ 28.874,61 = R$ 1.000,00 × [(1,0145)ⁿ − 1 / 0,0145] × (1,0145)
R$ 28.874,61 / R$ 1.000,00 = [(1,0145)ⁿ − 1 / 0,0145] × (1,0145)
28,87461 × 0,0145 = (1,0145)ⁿ − 1 × (1,0145)
0,418681845 / 1,0145 = (1,0145)ⁿ − 1
0,412697728 + 1 = (1,0145)ⁿ
1,412697728 = (1,0145)ⁿ

Utilizando a propriedade de logaritmo, temos:
n × log 1,0145 = log 1,412697728
n = log 1,412697728 / log 1,0145
n = 0,150049247 / 0,006252051
n = 24 meses

6.3. ANUIDADES DIFERIDAS

Este modelo de fluxo de caixa verifica que os vencimentos começam a ocorrer após o final do primeiro período. Ou seja, existe uma carência a contar a partir do final do primeiro período, isto é, após ter decorrido um período. Se começar a contar no momento dois, tem-se um período de carência, se começar a contar no período três, tem-se dois períodos de carência, e assim sucessivamente, conforme a ilustração gráfica abaixo:

EXERCÍCIOS:

01. (CONTADOR − 1/2001) Uma loja está vendendo um televisor pelo seguinte plano:

- Entrada de R$ 500,00;
  Mais 3 prestações mensais e iguais de R$ 200,00, sendo a primeira após 75 dias.

A taxa de juros compostos cobrada nessa operação é de 2% ao mês. Se a loja deseja adotar um novo plano equivalente ao anterior, cobrando a mesma taxa de juros, ou seja,
* Entrada de R$ 250,00;

Mais 5 prestações bimestrais e iguais, sendo a primeira após 15 dias.

Determine o valor das prestações bimestrais.

a) R$ 173,00.
b) R$ 176,80.
c) R$ 183,94.
d) R$ 226,70.

Solução:

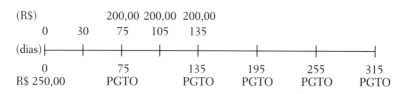

Primeiro passo: encontrar o valor à vista (valor presente) do televisor.

$i = 2\%$ ao mês $= 0,0660305\%$ ao dia

A loja concede 45 dias de carência $(1 + i)^{-n}$

VP = ENTRADA + PGTO × $[1 - (1 + i)^{-n} / i]$ × $(1 + i)^{-n}$

VP = R$ 500,00 + R$ 200,00 × $[1 - (1,02)^{-3} / 0,02]$ ×
× $(1,000660305)^{-45}$

VP = R$ 500,00 + R$ 200,00 × 2,883883275 × 0,970732906

VP = R$ 500,00 + R$ 200,00 × 2,799480392

VP = R$ 500,00 + 559,90

VP = R$ 1.059,90

Segundo passo: transformar a taxa de 2% ao mês em 4,04% ao bimestre.

$i = (1 + i)^n - 1$

$i = (1,02)^2 - 1$

$i = 1,0404 - 1$

$i = 0{,}0404 \times 100$

$i = 4{,}04\%$ ao bimestre

Terceiro passo: encontrar o valor das parcelas do segundo plano.

Valor a ser financiado (valor presente) = valor à vista −

− valor da entrada

VP = R$ 1.059,90 − R$ 250,00 = R$ 809,90

Agora é só lançar na fórmula de série de pagamentos:

PGTO = VP × i / 1 − $(1 + i)^{-n}$

PGTO = R$ 809,90 × 0,0404 / 1 − $(1{,}0404)^{-5}$

PGTO = R$ 32,72 / 0,1796517

PGTO = R$ 182,13

Agora vamos multiplicar pelo fator da carência dia $(1{,}000660305)^{-45}$:

PGTO = R$ 182,13 × $(1{,}000660305)^{-45}$

PGTO = R$ 182,13 × 0,970732906

PGTO = R$ 176,80

Resposta: letra b.

02. Um equipamento eletrônico está sendo vendido a prazo em 6 parcelas mensais de R$ 1.200,00, ocorrendo o 1º pagamento 2 meses após a compra. Uma taxa de 1,66% ao mês é estipulada na compra. Qual o valor à vista desse equipamento?

Solução:

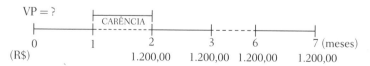

PGTO = R$ 1.200,00

n = 6

$i = 1{,}66\%$ ao mês

Valor à vista (valor presente) = ?

$VP = PGTO \times [1 - (1+i)^{-n}/i] \times (1+i)^{-n}$
$VP = R\$ 1.200,00 \times [1 - (1,0166)^{-6}/0,0166] \times (1,0166)^{-1}$
$VP = R\$ 1.200,00 \times 5,666273566 \times 0,98367106$
$VP = R\$ 1.200,00 \times 5,573749327$
$VP = R\$ 6.688,50$

Pelo conceito de equivalência financeira, o valor presente das prestações deve ser igual ao preço à vista.

03. Um empréstimo no valor de R$ 40.000,00 é concedido para pagamento em 15 prestações mensais, iguais, com 3 meses de carência. A taxa de juros cobrada é de 2,99% ao mês. Descubra o valor das prestações.

Solução:

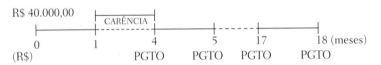

$VP = R\$ 40.000,00$
$n = 15$ meses
$i = 2,99\%$ ao mês
Carência (n) = 3 meses
PGTO = ?
$VP = PGTO \times [1 - (1+i)^{-n}/i] \times (1+i)^{-n}$
$R\$ 40.000,00 = PGTO \times [1 - (10299)^{-15}/0,0299] \times (1,0299)^{-3}$
$R\$ 40.000,00 = PGTO \times 11,94657444 \times 0,915408257$
$R\$ 40.000,00 = PGTO \times 10,93599289$
$PGTO = R\$ 40.000,00 / 10,93599289$
$PGTO = R\$ 3.657,65$

Ou ainda:
$R\$ 40.000,00 = PGTO \times 1 - (10299)^{-15}/0,0299$
$R\$ 40.000,00 = PGTO \times 11,94657444$

PGTO = R$ 40.000,00 / 11,94657444
PGTO = R$ 3.348,24

Agora é só multiplicar pelo fator de capitalização dos 3 meses da carência.
PGTO = R$ 3.348,24 × (1,0299)³
PGTO = R$ 3.657,65

04. Um financiamento de R$ 36.000,00 deve ser pago em quatro parcelas mensais e decrescentes na razão aritmética de 10%. Os vencimentos começam a ocorrer de hoje a 90 dias. A taxa cobrada pelo banco é de 24% ao ano. Calcule o valor de cada parcela mensal.

Solução:

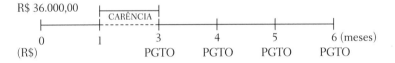

Como a razão é igual a 10% decrescente, temos: $-10 \div 100 = (-0,1)$; utilizaremos a fórmula do termo geral para encontrar:

$a_n = a_1 + (n - 1) \times r$
$a_4 = 0 + (4 - 1) \times (-0,1) = -0,3$
$a_3 = 0 + (3 - 1) \times (-0,1) = -0,2$
$a_2 = 0 + (2 - 1) \times (-0,1) = -0,1$
$a_1 = 0 + (1 - 1) \times (-0,1) = 0$
$i = 24\%$ ao ano = 1,81% ao mês
Período de carência = 90 dias (3 meses = equivalem a 2 meses de carência)
n = 4 meses
PGTO = ?

Primeiro passo: encontrar o PGTO.
$VP = PGTO / (1 + i)^n + PGTO / (1 + i)^n + PGTO / (1 + i)^n + PGTO / (1 + i)^n$

Deixando em evidência o PGTO, temos:

R$ 36.000,00 = PGTO × [1 − 0 / (1,0181)³ + 1 − 0,1 / (1,0181)⁴ +
+ 1 − 0,2 / (1,0181)⁵ + 1 − 0,3 / (1,0181)⁶] ⇒

R$ 36.000,00 = PGTO × [0,947607932 + 0,83768504 +
+ 0,731371108 + 0,628572556]

R$ 36.000,00 = PGTO × 3,145236636

PGTO = R$ 36.000,00 / 3,145236636

PGTO = R$ 11.445,88

Segundo passo: vamos encontrar o valor de cada parcela decrescente linear de 10%.

$PGTO_n$ = PGTO encontrado × decréscimo linear 10%
$PGTO_3$ = R$ 11.445,88 × 1,0 = R$ 11.445,88
$PGTO_4$ = R$ 11.445,88 × 0,9 = R$ 10.301,29
$PGTO_5$ = R$ 11.445,88 × 0,8 = R$ 9.156,70
$PGTO_6$ = R$ 11.445,88 × 0,7 = R$ 8.012,12

05. Um empréstimo no valor de R$ 8.200,00 é concedido para pagamento em 8 prestações mensais e iguais com 2 meses de carência. A taxa cobrada pelo banco é de 3,1% ao mês. Qual o valor das parcelas?

Solução:

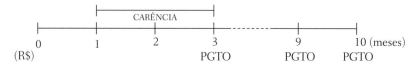

VP = R$ 8.200,00

n = 8 meses

i = 3,1% ao mês

Período de carência = 2 meses, ou seja, a partir do terceiro mês

PGTO = ?

PGTO = [VP × i / 1 − (1 + i)⁻ⁿ] × (1 + i)⁻ⁿ

Capítulo 6 – Séries de pagamentos   129

PGTO = [R$ 8.200,00 × 0,031 / 1 − (1,031)⁻⁸] × (1,031)⁻²
PGTO = [R$ 254,20 / 0,216695399] × (1,031)⁻²
PGTO = R$ 1.173,07 × 0,940768288
PGTO = R$ 1.103,59

06. (TÉCNICO – 1/2001) Uma concessionária está vendendo um veículo que custa R$ 30.000,00 à vista, pelo seguinte plano:

R$ 6.000,00 após 30 dias
Mais 7 prestações mensais e iguais de R$ 4.000,00, sendo a primeira após 90 dias
Qual é a taxa de juros cobrada nesta operação?
a) 1,58%.
b) 2,52%.
c) 3,49%.
d) 4,68%.

Solução:

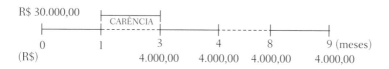

VP = R$ 30.000,00
n = 7
Período de carência (n) = 2 meses (90 dias após a compra)
PGTO₁ = R$ 6.000,00
PGTO₂ = R$ 4.000,00
i = ?

Esse exercício requer que encontremos a taxa efetiva da operação. Para solucioná-lo, utilizaremos a técnica de "tentativa e erro", ou seja, aplicando na fórmula de valor presente as taxas dadas por opção, encontraremos o valor à vista do automóvel, logo a taxa solicitada. Vejamos com 2,52%:

$VP = PGTO_1 / (1 + i)^n + PGTO_2 \times 1 - (1 + i)^{-n} / i \times (1 + i)^{-n}$
$VP = R\$ 6.000,00 / (1,0252)^1 + R\$ 4.000,00 \times$
$\times [1 - (1,0252)^{-7} / 0,0252] \times (1,0252)^{-2}$
$VP = R\$ 5.852,52 + R\$ 4.000,00 \times 6,344560071 \times 0,951443065$
$VP = R\$ 5.852,516582 + R\$ 4.000,00 \times 6,03648768$
$VP = R\$ 5.852,52 + R\$ 24.145,95$
$VP = R\$ 29.998,47 \approx R\$ 30.000,00$

Resposta: letra b.

Nota:
Esse fluxo descontado pela taxa de 2,52% é o que mais se aproxima de R$ 30.000,00, portanto, consideramos como a taxa solicitada na questão. A taxa de 252% foi ajustada para mais, pois a taxa exata está muito próxima de 2,518899888%.

07. Um financiamento no valor de R$ 16.800,00 está sendo negociado para ser quitado com parcelas de R$ 2.236,61, a 1ª paga em 90 dias, a uma taxa de juros de 2,65% ao mês. Com quantas parcelas esta dívida será quitada?

Solução:

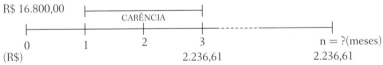

$VP = R\$ 16.800,00$
$PGTO = R\$ 2.236,61$
$i = 2,65\%$ ao mês
Período da carência = 2 meses (em 90 dias)
n = ?
$VP = PGTO \times 1 - (1 + i)^{-n} / i \times (1 + i)^{-n}$
$R\$ 16.800,00 = R\$ 2.236,61 \times [1 - (1,0265)^{-n} / 0,0265] \times (1,0265)^{-2}$

R$ 16.800,00 / R$ 2.236,61 = [1 − (1,0265)$^{-n}$ / 0,0265] × (1,0265)$^{-2}$
7,51136765 = [1 − (1,0265)$^{-n}$ / 0,0265] × 0,949034701
7,51136765 × 0,0265 = 1 − (1,0265)$^{-n}$ × 0,949034701
0,199051243 / 0,949034701 = 1 − (1,0265)$^{-n}$
0,209740742 − 1 = − (1,0265)$^{-n}$
− 0,790259258 = − (1,0265)$^{-n}$

Usando-se a propriedade de logaritmo, temos:
− n × log 1,0265 = log 0,790259258
− n = log 0,790259258 / log 1,0265
n = − (− 0,102230408) / 0,011358954
n = 9 meses

6.4. ANUIDADES VARIÁVEIS

EXERCÍCIOS:

01. Uma pessoa possui hoje R$ 20.000,00 em dinheiro e uma capacidade de poupança de R$ 2.000,00 mensais este ano e R$ 3.000,00 mensais nos próximos 6 meses do ano seguinte. Se esse fluxo de poupança for depositado mensalmente em um fundo que rende 2,4% ao mês, de quanto será o acumulado no dia do resgate?

Solução:

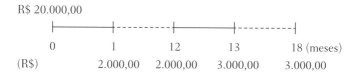

VP$_1$ = R$ 20.000,00
PGTO$_1$ = R$ 2.000,00

$PGTO_2 = R\$\ 3.000,00$

$n_1 = 12$ meses

$n_2 = 6$ meses

$i = 2,4\%$ ao mês

Valor futuro $(VF) = ?$

Primeiro passo: encontrar o valor futuro de R\$ 20.000,00.

$VF_1 = VP_1 \times (1 + i)^n$

$VF_1 = R\$\ 20.000,00 \times (1,024)^{18}$

$VF_1 = R\$\ 20.000,00 \times 1,532495541$

$VF_1 = R\$\ 30.649,91$

Segundo passo: encontrar o valor futuro de R\$ 2.000,00.

$VF_2 = PGTO_1 \times [(1 + i)^n - 1 / i\ ] \times (1 + i)^n$

$VF_2 = R\$\ 2.000,00 \times [(1,024)^{12} - 1 / 0,024] \times (1,024)^6$

$VF_2 = R\$\ 2.000,00 \times [13,71783317\ ] \times 1,152921505$

$VF_2 = R\$\ 31.631,17$

Terceiro passo: encontrar o valor futuro de R\$ 3.000,00.

$VF_3 = PGTO_2 \times (1 + i)^n - 1 / i$

$VF_3 = R\$\ 3.000,00 \times (1,024)^6 - 1 / 0,024$

$VF_3 = R\$\ 3.000,00 \times 6,371729375$

$VF_3 = R\$\ 19.115,19$

Último passo: encontrar o montante no dia do resgate.

$VF_{TOTAL} = VF_1 + VF_2 + VF_3$

$VF_{TOTAL} = R\$\ 30.649,91 + R\$\ 31.631,17 + R\$\ 19.115,19$

$VF_{TOTAL} = R\$\ 81.396,27$

02. Qual o valor futuro dos depósitos mensais de R\$ 200,00; R\$ 250,00; R\$ 300,00; R\$ 350,00; R\$ 400,00; e R\$ 500,00 daqui a 18 meses, sendo o primeiro no ato da abertura da conta? A taxa de juros combinada é de 1,8% ao mês.

Solução:

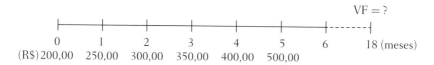

PGTO's = R$ 200,00; R$ 250,00; R$ 300,00; R$ 350,00; R$ 400,00 e R$ 500,00;

$n_1 = 6$ parcelas (1 antecipada)
$n_2 = 13$ meses
$i = 1,8\%$ ao mês
$VF_{18} = ?$

Primeiro passo: encontrar o valor futuro do fluxo ao final do 5º mês.

$VF_5 = PGTO_0 \times (1 + i)^n + PGTO_1 \times (1 + i)^n + PGTO_2 \times$
$\times (1 + i)^n + PGTO_3 \times (1 + i)^n + PGTO_4 \times (1 + i)^n +$
$+ PGTO_5 \times (1 + i)^n \Rightarrow$

$VF_5 = R\$ 500,00 \times (1,018)^0 + R\$ 400,00 \times (1,018)^1 +$
$+ R\$ 350,00 \times (1,018)^2 + R\$ 300,00 \times (1,018)^3 + R\$ 250,00 \times$
$\times (1,018)^4 + R\$ 200,00 \times (1,018)^5 \Rightarrow$

$VF_5 = R\$ 500,00 + R\$ 407,20 + R\$ 362,71 + R\$ 316,49 +$
$+ R\$ 268,49 + R\$ 218,66$

$VF_5 = R\$ 2.073,55$

Segundo passo: encontrar o valor futuro do fluxo no 18º mês.

$VF_{18} = VP \times (1 + i)^n$
$VF_{18} = R\$ 2.073,55 \times (1,018)^{13}$
$VF_{18} = R\$ 2.073,55 \times 1,261017501$
$VF_{18} = R\$ 2.614,78$

Ou ainda:

Primeiro passo: descapitalizar o fluxo (trazer ao instante zero).

$VP = PGTO_0 / (1 + i)^n + PGTO_1 / (1 + i)^n + PGTO_2 / (1 + i)^n +$
$+ PGTO_3 / (1 + i)^n + PGTO_4 / (1 + i)^n + PGTO_5 / (1 + i)^n \Rightarrow$

VP = R$ 200,00 / (1,018)⁰ + R$ 250,00 / (1,018)¹ +
+ R$ 300,00 / (1,018)² + R$ 350,00 / (1,018)³ +
+ R$ 400,00 / (1,018)⁴ + R$ 500,00 / (1,018)⁵ ⇒
VP = R$ 200,00 + R$ 245,58 + R$ 289,48 + R$ 331,76 +
+ R$ 372,45 + R$ 457,33
VP = R$ 1.896,60

Segundo passo: capitalizar o capital encontrado.

$VF = VP \times (1 + i)^n$
$VF = R\$\ 1.896{,}60 \times (1{,}018)^{18}$
$VF = R\$\ 2.614{,}78$

03. Uma empresa tem atualmente as seguintes dívidas junto a um banco: R$ 10.000,00; R$ 12.000,00; R$ 14.000,00; R$ 16.000,00; e R$ 18.000,00, vencíveis sucessivamente ao final dos próximos 5 trimestres. Essa dívida foi contratada a uma taxa nominal de juros de 24% ao ano. A empresa, passando por dificuldades financeiras, propõe ao banco um refinanciamento da dívida: 10 prestações bimestrais iguais e sucessivas, com o 1º vencimento em 60 dias. O banco aceita a proposta a uma taxa de juros nominal de 30% ao ano. Calcule os pagamentos bimestrais da proposta.

Solução:

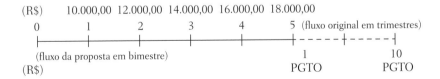

PGTO's = R$ 10.000,00; R$ 12.000,00; R$ 14.000,00; R$ 16.000,00 e R$ 18.000,00;

Taxa da dívida original $(i) = 24\%$ ao ano = 6% ao trimestre

Taxa do refinanciamento $(i) = 30\%$ ao ano = 5% ao bimestre

n = 5 trimestres

n = 10 bimestres
Valor presente da dívida = ?

Primeiro passo: encontrar o valor presente da dívida original.

VP = PGTO$_1$ / (1 + i)^n + PGTO$_2$ / (1 + i)^n + PGTO$_3$ / (1 + i)^n +
+ PGTO$_4$ / (1 + i)^n + PGTO$_5$ / (1 + i)^n ⇒
VP = R$ 10.000,00 / (1,06)^1 + R$ 12.000,00 / (1,06)^2 +
+ R$ 14.000,00 / (1,06)^3 + R$ 16.000,00 / (1,06)^4 +
+ R$ 18.000,00 / (1,06)^5 ⇒
VP = R$ 9.433,96 + R$ 10.679,96 + R$ 11.754,67 +
+ R$ 12.673,50 + R$ 13.450,65
VP = R$ 57.992,74

Segundo passo: encontrar as parcelas bimestrais do fluxo proposto.
PGTO = VP × i / 1 − (1 + i)$^{-n}$
PGTO = R$ 57.992,74 × 0,05 / 1 − (1,05)$^{-10}$
PGTO = R$ 2.899,64 / 0,386086747
PGTO = R$ 7.510,33

04. Um empréstimo no valor de R$ 22.000,00 é concedido a uma taxa de juros de 2,43% ao mês. Deverá ser pago em 5 parcelas: R$ 3.000,00 no 1º mês, R$ 5.000,00 no 2º mês, R$ 7.000,00 no 4º mês e 4.000,00 no 5º. Pergunta-se qual o valor da parcela no 3º mês?

Solução:

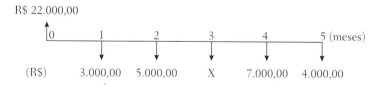

De acordo com o conceito de equivalência de capital, os fluxos de saídas e entradas de caixa devem igualar-se, a certa taxa de juros, em um dado momento do tempo. Isto é:

$VP = PGTO_1 / (1 + i)^n + PGTO_2 / (1 + i)^n + PGTO_3 / (1 + i)^n +$
$+ PGTO_4 / (1 + i)^n + PGTO_5 / (1 + i)^n \Rightarrow$
R$ 22.000,00 = R$ 3.000,00 / $(1,0243)^1$ + R$ 5.000,00 /
/ $(1,0243)^2$ + X_3 / $(1,0243)^3$ + R$ 7.000,00 / $(1,0243)^4$ +
+ R$ 4.000,00 / $(1,0243)^5 \Rightarrow$
R$ 22.000,00 = R$ 2.928,83 + R$ 4.765,58 + 0,930504509 X_3 +
+ R$6.359,01 + R$3.547,51
R$ 22.000,00 = R$ 17.600,93 + 0,930504509 X_3
R$ 22.000,00 − R$ 17.600,93 = 0,930504509 X_3
X_3 = 4.399,07 / 0,930504509
X_3 = R$ 4.727,62

05. Uma casa é financiada em 12 prestações mensais crescentes em progressão aritmética (PA), à razão de R$ 1.800,00 por mês. O valor da 6ª prestação é de R$ 18.000,00, a uma taxa de juros de 3% ao mês. Descubra o valor presente (valor à vista da casa).

Solução:

Razão (r) = R$ 1.800,00
$PGTO_6$ = R$ 18.000,00
n = 12 meses
i = 3% ao mês
Valor à vista (VP) = ?

Primeiro passo: descobrir o valor da primeira parcela (a_1). Para isso utilizaremos a fórmula do termo geral da PA.
$a_n = a_1 + (n − 1) \times r$
$a_6 = a_1 + (6 − 1) \times$ R$ 1.800,00

Capítulo 6 – Séries de pagamentos 137

R\$ 18.00,00 = a_1 + 5 × R\$ 1.800,00

a_1 = R\$ 18.000,00 − R\$ 9.000,00

a_1 = R\$ 9.000,00, assim, sucessivamente, encontraremos os outros valores.

Segundo passo: encontrar o valor à vista do imóvel (valor presente).

$$VP = \frac{PGTO_1}{(1+i)^n} + \frac{PGTO_2}{(1+i)^n} + \frac{PGTO_3}{(1+i)^n} + \frac{PGTO_4}{(1+i)^n} + \frac{PGTO_5}{(1+i)^n} +$$

$$+ \frac{PGTO_6}{(1+i)^n} + \frac{PGTO_7}{(1+i)^n} + \frac{PGTO_8}{(1+i)^n} + \frac{PGTO_9}{(1+i)^n} + \frac{PGTO_{10}}{(1+i)^n} +$$

$$+ \frac{PGTO_{11}}{(1+i)^n} + \frac{PGTO_{12}}{(1+i)^n} \Rightarrow$$

$$VP = \frac{9.000}{(1,03)^1} + \frac{10.800}{(1,03)^2} + \frac{12.600}{(1,03)^3} + \frac{14.400}{(1,03)^4} + \frac{16.200}{(1,03)^5} +$$

$$+ \frac{18.000}{(1,03)^6} + \frac{19.800}{(1,03)^7} + \frac{21.600}{(1,03)^8} + \frac{23.400}{(1,03)^9} + \frac{25.200}{(1,03)^{10}} +$$

$$+ \frac{27.000}{(1,03)^{11}} + \frac{28.800}{(1,03)^{12}} \Rightarrow$$

VP = 8.737,86 + 10.180,04 + 11.530,78 + 12.794,21 +

+ 13.974,26 + 15.074,72 + 16.099,21 + 17.051,24 + 17.934,15 +

+ 18.751,17 + 19.505,37 + 20.199,74 ⇒

VP = R\$ 181.832,75 (é o valor à vista do imóvel)

capítulo · 7

Correção monetária
e inflação

A correção monetária foi estabelecida para minimizar ou neutralizar as distorções causadas pela inflação, ou seja, pelos aumentos persistentes e generalizados dos preços, dos bens e dos serviços que estão à disposição da sociedade. Esse princípio leva ao reajuste monetário com base na inflação ocorrida em período anterior e que pode ser medida através de um índice de preços.

7.1. ÍNDICES DE ATUALIZAÇÃO, VARIAÇÃO E INFLAÇÃO

Um índice é o resultado de um processo estatístico, que permite medir as variações nos níveis gerais de preços, ocorridas de um determinado período para outro. Em outras palavras, um índice de preços pretende representar a evolução dos preços dos bens e dos serviços consumidos por um determinado grupo populacional, ou seja, uma média global das variações de preços que se observa em um conjunto de certos bens e serviços ponderados por suas correspondentes quantidades.

EXERCÍCIOS:

01. Calcule a inflação do 1° semestre, do 2° trimestre e do mês junho do IGP (Índice Geral de Preços – disponibilidade interna da FGV). Os dados abaixo são referentes a um determinado período dos meses de dezembro a junho do ano seguinte.

140 MATEMÁTICA FINANCEIRA E ESTATÍSTICA

Mês	dezembro	janeiro	fevereiro	março	abril	maio	junho
igp	1.171,66	1.183,14	1.194,50	1.201,79	1.207,79	1.207,92	1.206,35

Solução:

Inflação do 1º semestre = 1.206,35 / 1.171,66 − 1

Inflação do 1º semestre = 1,0296 − 1 = 2,96%

Nesse período os preços subiram 1,0296 vezes, o que indica uma evolução de 2,96%.

No segundo trimestre os preços subiram 1,0038 vezes, o que indica uma evolução de 0,38%.

Inflação do 2º trimestre = 1.206,35 / 1.201,79 − 1

Inflação do 2º trimestre = 1,0038 − 1 = 0,38%

A inflação observada no mês de junho foi de:

Inflação de junho = 1.206,35 / 1.207,92 − 1

Inflação de junho = 0,9987 − 1 = − 0,13%

02. De acordo com os valores abaixo divulgados pelo IGP-DI e pelo INPC (Índice Nacional de Preço ao Consumidor), calcule:

a) a taxa de inflação, medida pelo IGP e INPC, para os períodos de 2X10: ao ano, no 1º semestre e no mês de dezembro;

b) o valor final de um terreno que custava R$ 50.000,00 no início do ano, corrigido pelos índices;

c) o lucro real obtido se o valor do imóvel passou a valer ao final de R$ 100.000,00.

	dez / x09	jun / x10	nov / x10	dez / x10
IGP	1.052,65	1.110,30	1.167,22	1.171,66
INPC	4,1137	4.7555	6,0842	6,4652

Capítulo 7 – Correção monetária e inflação **141**

Solução:

a) Cálculo da taxa de inflação:

ano	IGP	INPC
	$(1.171,66 / 1.052,65) - 1 = 11,31\%$	$(6,4652 / 4,1137) - 1 = 57,16\%$
1º semestre	$(1.110,30 / 1.052,65) - 1 = 5,48\%$	$(4,7555 / 4,1137) - 1 = 15,6\%$
dezembro	$(1.171,66 / 1.167,22) - 1 = 0,38\%$	$(6,4652 / 6,0842) - 1 = 6,26\%$

b) valor corrigido do imóvel:

Pelo IGP: R$ 50.000,00 × 1.171,66 / 1.052,65 = R$ 55.652,88

Pelo INPC: R$ 50.000,00 × 6,4652 / 4,1137 = R$ 78.581,33

c) o lucro real no final do ano:

Pelo IGP, temos: R$ 100.000,00 − R$ 55.652,88 = R$ 44.347,12

Pelo INPC, temos: R$ 100.000,00 − R$ 78.581,33 = R$ 21.418,67

03. (TÉCNICO – 2/2003) Uma determinada empresa tomou emprestado, em 01.09.2002, a importância de R$ 50.000,00, sendo pactuado para pagar o montante da dívida em 30.04.2003, corrigido pela variação dos índices do IGP-M (FGV), acrescido de juros simples de 1% ao mês:

Variação do IGP-M (FGV)	
30.09.2002	2,40%
31.10.2002	3,87%
30.11.2002	5,19%
31.12.2002	3,75%
31.01.2003	2,33%
28.02.2003	2,28%
31.03.2003	1,53%
30.04.2003	0,92%

O valor do montante a ser pago na data do vencimento será de:

a) R$ 54.642,58.

b) R$ 62.242,64.

c) R$ 66.114,41.

d) R$ 67.222,05.

142 MATEMÁTICA FINANCEIRA E ESTATÍSTICA

Solução:

Primeiro passo: encontrar a taxa acumulada durante o período.

i_{AC} = Taxa acumulada

i_{AC} = [(1 + i) × (1 + i) × (1 + i) × (1 + i) × (1 + i) × (1 + i) × × (1 + i) × (1 + i)] − 1

i_{AC} = [(1,024) × (1,0387) × (1,0519) × (1,0375) × (1,0233) × × (1,0228) × (1,0153) × (1,0092)] − 1

i_{AC} = 0,244852714 × 100 = 24,4852714%, a taxa acumulada no período.

Segundo passo: encontrar o valor futuro ao final do período.

O fator de juros simples (1 + i × n) é utilizado para o acréscimo estipulado na transação.

VF = VP x (1 + i)^n × (1 + i × n)

VF = R$ 50.000,00 × (1,244852714)^1 × (1 + 0,01 × 8)

VF = R$ 50.000,00 × (1,244852714) × (1,08)

VF = R$ 67.222,05

Resposta: letra d.

04. (CONTADOR – 1/2004) Determinada empresa tomou emprestada, em 01.05.2003, a importância de R$ 500.000,00, sendo pactuado o pagamento em 31.12.2003, corrigido pela variação dos índices do IGP-M – Índice Geral de Preços – Mercado da FGV – Fundação Getúlio Vargas, acrescido de juros simples de 1% ao mês, conforme o quadro abaixo.

Variação do IGP-M (FGV)	
maio / 2003	−0,26%
junho / 2003	−1,00%
julho / 2003	−0,42%
agosto / 2003	0,38%
setembro / 2003	1,18%
outubro / 2003	0,38%

Capítulo 7 – Correção monetária e inflação **143**

Variação do IGP-M (FGV)	
novembro / 2003	0,49%
dezembro / 2003	0,61%

O valor total da dívida, em 31.12.2003, é de:
a) R$ 547.297,54.
b) R$ 556.604,63.
c) R$ 558.243,49.
d) R$ 567.736,72.

Solução:

Primeiro passo: encontrar a taxa acumulada durante o período.

$i_{AC} = [(1 + i) \times (1 + i) \times (1 + i) \times (1 + i) \times (1 + i) \times (1 + i) \times$
$\times (1 + i) \times (1 + i)] - 1$

$i_{AC} = [(1 - 0,0026) \times (1 - 0,01) \times (1 - 0,0042) \times (1,0038) \times$
$\times (1,0118) \times (1,0038) \times (1,0049) \times (1,0061)] - 1$

$i_{AC} = [(0,9974) \times (0,99) \times (0,9958) \times (1,0038) \times (1,0118) \times$
$\times (1,0038) \times (1,0049) \times (1,0061)] - 1$

$i_{AC} = 1,013513956 - 1$

$i_{AC} = 0,013513956 \times 100 = 1,3513956\%$ a taxa acumulada no período

Segundo passo: encontrar o valor futuro ao final do período.
O fator de juros simples $(1 + i \times n)$ é utilizado para o acréscimo estipulado na transação.

$VF = VP \times (1 + i)^n \times (1 + i \times n)$

$VF = R\$ 500.000,00 \times (1,013513956)^1 \times (1 + 0,01 \times 8)$

$VF = R\$ 500.000,00 \times (1,013513956) \times (1,08)$

$VF = R\$ 547.297,54$

Resposta: letra a.

05. (TÉCNICO – 1/2004) Determinada empresa tomou emprestada, em 01.05.2003, a importância de R$ 300.000,00, sendo pactuado que deveria pagar em 31.12.2003, corrigida pela variação

144 MATEMÁTICA FINANCEIRA E ESTATÍSTICA

dos índices do IGP-M – Índice Geral de Preços – Mercado da FGV – Fundação Getúlio Vargas, acrescida de juros simples de 1% ao mês, conforme o quadro abaixo.

Variação do IGP-M (FGV)	
maio / 2003	−0,26%
junho / 2003	−1,00%
julho / 2003	−0,42%
agosto / 2003	0,38%
setembro / 2003	1,18%
outubro / 2003	0,38%
novembro / 2003	0,49%
dezembro / 2003	0,61%

O valor total da dívida em 31.12.2003 é de:
a) R$ 328.378,52.
b   R$ 333.962,78.
c) R$ 339.324,47.
d) R$ 345.094,87.

Solução:

Primeiro passo: encontrar a taxa acumulada durante o período.

$i_{AC} = [(1 + i) \times (1 + i) \times (1 + i) \times (1 + i) \times (1 + i) \times (1 + i) \times$
$\times (1 + i) \times (1 + i)] - 1$

$i_{AC} = [(1 - 0,0026) \times (1 - 0,01) \times (1 - 0,0042) \times (1,0038) \times$
$\times (1,0118) \times (1,0038) \times (1,0049) \times (1,0061)] - 1$

$i_{AC} = [(0,9974) \times (0,99) \times (0,9958) \times (1,0038) \times (1,0118) \times$
$\times (1,0038) \times (1,0049) \times (1,0061)] - 1$

$i_{AC} = 1,013513956 - 1$

$i_{AC} = 0,013513956 \times 100 = 1,3513956\%$ a taxa acumulada no período.

Segundo passo: encontrar o valor futuro ao final do período.

O fator de juros simples $(1 + i \times n)$ é utilizado para o acréscimo estipulado na transação.

$VF = VP \times (1 + i)^n \times (1 + i \times n)$

$VF = R\$ 300.000,00 \times (1,013513956)^1 \times (1 + 0,01 \times 8)$

Capítulo 7 – Correção monetária e inflação   145

VF = R$ 300.000,00 × (1,013513956) × (1,08)
VF = R$ 328.378,52

Resposta: letra a.

06. (CONTADOR – 2/2003) Uma determinada empresa tomou emprestada em 01.09.2002, a importância de R$ 30.000,00, sendo pactuado para pagar o montante da dívida em 30.04.2003, corrigido pela variação dos índices do IGP-M (FGV), acrescido de juros simples de 0,5% ao mês:

Variação do IGP-M (FGV)	
30.09.2002	2,40%
31.10.2002	3,87%
30.11.2002	5,19%
31.12.2002	3,75%
31.01.2003	2,33%
28.02.2003	2,28%
31.03.2003	1,53%
30.04.2003	0,92%

O valor do montante a ser pago na data do vencimento será de:
a) R$ 34.642,58.
b) R$ 37.345,58.
c) R$ 38.174,85.
d) R$ 38.839,40.

Solução:

Primeiro passo: encontrar a taxa acumulada durante o período.

$i_{AC} = [(1 + i) \times (1 + i) \times (1 + i) \times (1 + i) \times (1 + i) \times (1 + i) \times$
$\times (1 + i) \times (1 + i)] - 1$

$i_{AC} = [(1,024) \times (1,0387) \times (1,0519) \times (1,0375) \times (1,0233) \times$
$\times (1,0228) \times (1,0153) \times (1,0092)] - 1$

$i_{AC} = 1,244852714 - 1$

$i_{AC} = 0,244852714 \times 100 = 24,4852714\%$ a taxa acumulada do período

146 MATEMÁTICA FINANCEIRA E ESTATÍSTICA

Segundo passo: encontrar o valor futuro ao final do período

O fator de juros simples $(1 + i \times n)$ é utilizado para o acréscimo estipulado na transação.

$VF = VP \times (1 + i)^n \times (1 + i \times n)$

$VF = R\$ \ 30.000,00 \times (1,244852714)^1 \times (1 + 0,005 \times 8)$

$VF = R\$ \ 30.000,00 \times (1,244852714) \times (1,04)$

$VF = R\$ \ 30.000,00 \times 1,294646823$

$VF = R\$ \ 38.839,40$

Resposta: letra d.

capítulo · 8

Taxa de juros nominal, real e depósito com correção monetária

A taxa nominal de juros é uma taxa prefixada de juros que considera as expectativas da inflação. É adotada habitualmente nas operações correntes de mercado, já previstos os efeitos inflacionários para o prazo da operação. É relevante deixar claro que a taxa nominal que mensura o resultado de uma operação de valor corrente não é a mesma taxa nominal linear, aquela utilizada de forma proporcional em juros simples.

Nesse contexto inflacionário, deve-se levar em consideração a composição da taxa nominal (prefixada), onde se tem uma parte referente à inflação e outra, denominada como real, ou seja, a que realmente indica o quanto de juros foram pagos ou recebidos. De modo geral, a fórmula para a apuração dessas taxas é a seguinte:

$$1 + \text{taxa real (r)} = \frac{1 + \text{taxa nominal } (i)}{1 + \text{taxa de inflação } (inf)}$$

EXERCÍCIOS:

01. Uma pessoa aplicou em uma conta bancária R$ 30.000,00 durante 6 meses, a uma taxa nominal 8% ao semestre. Nesse mesmo período a taxa de inflação foi de 4%. Quais foram o rendi-

148 MATEMÁTICA FINANCEIRA E ESTATÍSTICA

mento nominal e real do aplicador e suas correspondentes taxas de retorno?

Solução:

Valor resgatado: R\$ 30.000,00 × (1,08) = R\$ 32.400,00
Rendimento nominal = R\$ 32.400,00 − R\$ 30.000,00
Rendimento nominal = R\$ 2.400,00
Taxa de rentabilidade nominal (i) = R\$ 2.400,00 / R\$ 30.000,00
Taxa de rentabilidade nominal (i) = 0,08 × 100 = 8% ao semestre

Rendimento real = rendimento nominal − perda pela inflação
Rendimento real = R\$ 2.400,00 − (R\$ 30.000,00 × 0,04)
Rendimento real = R\$ 2.400,00 − R\$ 1.200,00
Rendimento real = R\$ 1.200,00

Taxa de rentabilidade real (r) = R\$ 1.200,00 / (R\$ 30.000,00 × 1,04)
Taxa de rentabilidade real (r) = R\$ 1.200,00 / R\$ 31.200,00
Taxa de rentabilidade real (r) = 0,0385 × 100 = 3,85% ao semestre
Ou ainda:
Taxa real (r) = $(1 + i$ / $1 + inf)$ − 1
Taxa real (r) = (1,08 / 1,04) − 1
Taxa real (r) = 0,0385 × 100 = 3,85% ao trimestre

02. Uma pessoa adquiriu um imóvel por R\$ 160.000,00. Passados 3 anos, resolveu vendê-lo por R\$ 200.00,00. Nesse período a inflação atingiu 25%. Essa pessoa teve lucro ou perda nessa operação?

Solução:

Taxa de rentabilidade nominal (i) = preço de venda /
/ preço de compra − 1
Taxa de rentabilidade nominal (i) = R\$ 200.000,00 /
/ R\$ 160.000,00 − 1
Taxa de rentabilidade nominal (i) = 0,25 × 100 = 25% no período

Capítulo 8 – Taxa de juros nominal, real e depósito com correção monetária **149**

Taxa de rentabilidade real $(r) = (1 + i / 1 + inf) - 1$
Taxa de rentabilidade real $(r) = (1,25 / 1,25) - 1$
Taxa de rentabilidade real $(r) = 1 - 1 = 0$ de rentabilidade, ou seja, não obteve lucro, nem prejuízo.

03. Em um determinado ano a taxa de inflação no $1^{\underline{o}}$ mês foi de 0,98%, no $2^{\underline{o}}$ mês foi de $-1,10\%$ (deflação), no $3^{\underline{o}}$ mês foi de 1,34%, no $4^{\underline{o}}$ mês foi de $-1,26\%$ (deflação), no $5^{\underline{o}}$ mês foi de 1,16% e no $6^{\underline{o}}$ mês foi de 1,32%. Qual foi a taxa de inflação acumulada no semestre?

Solução:

$inf_{AC} = [(1 + i) \times (1 + i) \times (1 + i) \times (1 + i) \times (1 + i) \times (1 + i)] - 1 \Rightarrow$
$inf_{AC} = [(1 + 0,0098) \times (1 - 0,011) \times (1 + 0,0134) \times (1 - 0,0126) \times$
$\times (1 + 0,0116) \times (1 + 0,0132)] - 1 \Rightarrow$
$inf_{AC} = [(1,0098) \times (0,989) \times (1,0134) \times (0,9874) \times (1,0116) \times$
$\times (1,0132)] - 1 \Rightarrow$
$inf_{AC} = 1,024258749 - 1 = 0,024258749 \times 100$
$inf_{AC} = 2,4259\%$ no semestre

04. Um trabalhador obteve um aumento salarial de 8% no período. Nesse mesmo período, a inflação alcançou 6%. Qual foi o ganho real desse trabalhador?

Solução:

Taxa de rentabilidade real $(r) = (1 + i / 1 + inf) - 1$
Taxa de rentabilidade real $(r) = (1 + 0,08 / 1 + 0,06) - 1$
Taxa de rentabilidade real $(r) = (1,08 / 1,06) - 1$
Taxa de rentabilidade real $(r) = 1,0189 - 1 = 0,0189$
Taxa de rentabilidade real $(r) = 1,89\%$ de ganho real

05. Um poupador deposita R$ 1.000,00 em um banco que paga taxa nominal de 9% ao ano. Sabe-se que o ganho real desse poupador foi de 6%. Qual a taxa de inflação no período?

150 MATEMÁTICA FINANCEIRA E ESTATÍSTICA

Solução:

Taxa de rentabilidade real $(r) = (1 + i / 1 + inf) - 1$
$inf = (1 + i / 1 + r) - 1$
$inf = (1 + 0,09 / 1 + 0,06) - 1$
$inf = (1,09 / 1,06) - 1$
$inf = 1,0283 - 1 = 0,0283$
$inf = 2,83\%$ de inflação no período

06. Uma aplicação de R$ 50.000,00, em 12 meses, gera um montante de R$ 68.975,40. A taxa de juros real foi de 1,42% ao mês. Qual a taxa de correção monetária mensal e a taxa nominal de juros dessa operação bancária?

Solução:

$VF = R\$ 68.975,40$
$VP = R\$ 50.000,00$
$r = 1,42\%$ ao mês
Correção monetária (CM) = ?
$i = ?$
$VF = VP \times (1 + i)^n$

Primeiro passo: encontrar as taxas nominal e mensal.
$i = R\$ 68.975,40 / R\$ 50.000,00 - 1$
$i = 1,3795 - 1 = 37,95\%$ ao ano (no período)
$i = \sqrt[12]{1,3795} - 1 = 2,72\%$ ao mês

Segundo passo: encontrar a taxa de correção monetária.
$CM = 1 + i / 1 + r - 1$
$CM = 1,0272 / 1,0142 - 1$
$CM = 1,28\%$ ao mês

07. Qual a rentabilidade nominal anual de uma caderneta de poupança que paga juros reais de 0,5% ao mês, na qual a correção monetária é de 12% ao ano?

Capítulo 8 – Taxa de juros nominal, real e depósito com correção monetária **151**

Solução:

$i = [(1 + i)^n \times (1 + r)^n] - 1$

$i = [(1,005)^{12} \times (1,12)^1] - 1$

$i = [1,0617 \times 1,12] - 1$

$i = 1,1891 - 1$

$i = 18,91\%$ ao ano

08. Uma aplicação de R$ 2.500,00 em uma caderneta de poupança durante 3 meses em que a TR (Taxa Referencial) estabelecida para cada mês, na data do aniversário, é a seguinte: no 1º mês, 0,62%; no 2º mês, 0,65%; e no 3º mês, 0,67%. Determine o saldo do aplicador ao final de cada período e a sua rentabilidade efetiva, sabendo que a remuneração da poupança é composta pela TR e pela taxa de juros de 0,5% ao mês.

Solução:

Primeiro passo: encontrar a rentabilidade de cada mês.

$VF = VP \times (1 + itr) \times (1 + i)$

Mês 1:

$VF_1 = R\$ 2.500,00 \times (1,0062) \times (1,005)$

$VF_1 = R\$ 2.528,08$

Mês 2:

$VF_2 = R\$ 2.528,08 \times (1,0065) \times (1,005)$

$VF_2 = R\$ 2.557,23$

Mês 3:

$VF_3 = R\$ 2.557,23 \times (1,0067) \times (1,005)$

$VF_3 = R\$ 2.587,24$

Segundo passo: encontrar a rentabilidade efetiva desta aplicação.

$i = [(1 + itr) \times (1 + itr) \times (1 + itr) \times (1 + i)^n] - 1$

$i = [(1,0062) \times (1,0065) \times (1,0067) \times (1,005)^3] - 1$

$i = 1,0349 - 1 = 0,0349$

$i = 3,49\%$ ao trimestre

capítulo · 9

Sistemas de amortização

9.1. TABELA *PRICE* (OU SISTEMA DE AMORTIZAÇÃO FRANCÊS)

A Tabela *Price* (ou sistema de amortização francês), amplamente adotada pelo mercado financeiro brasileiro, estipula, ao contrário do Sistema de Amortização Constante (SAC), que as prestações devem ser iguais, periódicas e sucessivas. Equivalem, em outras palavras, ao modelo-padrão de fluxos de caixa. Os juros, por incidirem sobre o saldo devedor, são decrescentes, e as parcelas de amortização assumem valores crescentes. A soma dessas duas parcelas (amortização mais juros) resulta sempre em prestação de igual valor por todo o contrato.

EXERCÍCIOS:

01. (CONTADOR – 1/2001) Um imóvel foi adquirido através do seguinte plano:

- Entrada de R$ 25.000,00;
- Mais 2 parcelas semestrais de R$ 8.000,00, sendo a 1ª após 180 dias;
- Mais 48 prestações mensais e iguais de R$ 550,00, sendo a 1ª após 30 dias.

Se a taxa de juros compostos cobrada nesta operação foi de 3% ao mês, encontre a amortização da 32ª parcela e o saldo devedor após o pagamento de 40 parcelas.

154 MATEMÁTICA FINANCEIRA E ESTATÍSTICA

a) Amortização = R$ 124,57; saldo devedor = R$ 5.256,79.
b) Amortização = R$ 224,58; saldo devedor = R$ 2.486,87.
c) Amortização = R$ 332,76; saldo devedor = R$ 3.860,83.
d) Amortização = R$ 424,57; saldo devedor = R$ 4.256,87.

Solução:

Primeiro passo: encontrar o valor presente das parcelas mensais.

$VP = PGTO \times 1 - (1 + i)^{-n} / i$

$VP = R\$ 550,00 \times 1 - (1,03)^{-48} / 0,03$

$VP = R\$ 550,00 \times 25,26670664$

$VP = R\$ 13.896,69$

Segundo passo: precisamos calcular a amortização.

A_n = amortização do período

A_1 = amortização do primeiro período

PGTO = pagamentos (parcelas)

VP = valor presente (valor à vista)

Agora, vamos encontrar os valores:

$A_1 = PGTO - i \times VP$

$A_1 = R\$ 550,00 - 0,03 \times R\$ 13.896,69$

$A_1 = R\$ 550,00 - R\$ 416,90$

$A_1 = R\$ 133,10$

Agora A_n passa a ser valor futuro. Como a amortização só aparece no início do primeiro período e não do instante zero, temos n − 1, enquanto o A_1 aparece como valor presente. É só aplicar na fórmula:

$A_n = A_1 \times (1 + i)^{n-1}$

$A_{32} = R\$ 133,10 \times (1,03)^{32-1} = {}^{31}$

$A_{32} = R\$ 133,10 \times (1,03)^{31}$

$A_{32} = R\$ 133,10 \times 2,5$

$A_{32} = R\$ 332,76$

Terceiro passo: calcular o saldo devedor após o 40º pagamento.
Onde o período (n) = 48 − 40 = 8

Capítulo 9 – Sistemas de amortização **155**

$VP = PGTO \times 1 - (1 + i)^{-n} / i$

$VP = R\$ 550,00 \times 1 - (1,03)^{-8} / 0,03$

$VP = R\$ 550,00 \times 0,210590766 / 0,03$

$VP = R\$ 550,00 \times 7,01969219$

$VP = R\$ 3.860,83$

Resposta: letra c.

02. Um empréstimo de R\$ 100.000,00 será pago dentro de 5 anos, pelo sistema de amortização francês, em 10 prestações semestrais com taxa de juros de 9% ao semestre. Desconsiderando a existência de um prazo de carência, pede-se para elaborar uma planilha financeira para a operação de empréstimo.

Solução:

Sistema de amortização francês (tabela *Price*)				
Taxa de 9% ao semestre				
Período	**Prestação**	**Juros**	**Amortização**	**Saldo devedor**
0				100.000,00
1	15.582,01	9.000,00	6.582,01	93.417,99
2	15.582,01	8.407,62	7.174,39	86.243,60
3	15.582,01	7.761,92	7.820,08	78.423,52
4	15.582,01	7.058,12	8.523,89	69.899,62
5	15.582,01	6.290,97	9.291,04	60.608,58
6	15.582,01	5.454,77	10.127,24	50.481,34
7	15.582,01	4.543,32	11.038,69	39.442,66
8	15.582,01	3.549,84	12.032,17	27.410,49
9	15.582,01	2.466,94	13.115,07	14.295,42
10	15.582,01	1.286,59	14.295,42	0,00
total	155.820,09	55.820,09	100.000,00	–

03. Um apartamento está à venda, com pagamento à vista por R\$ 150.000,00 ou a prazo em 12 prestações mensais e iguais, ven-

156 MATEMÁTICA FINANCEIRA E ESTATÍSTICA

cendo a 1ª um mês após a liberação do crédito. A taxa de juros compostos dessa operação é de 9% ao ano. Qual o valor da prestação?

Solução:

VP = R$ 150.000,00

n = 12 parcelas mensais

i = 9% ao ano = 0,721% ao mês

PGTO = ?

PGTO = $VP \times i / 1 - (1 + i)^{-n}$

PGTO = R$ 150.000,00 $\times$ 0,00721 / 1 - $(1,00721)^{-12}$

PGTO = R$ 1.081,50 / 0,0826

PGTO = R$ 13.093,22

04. Um financiamento pelo sistema *Price* tem 4 prestações trimestrais, iguais, de R$ 2.178,01, vencendo a 1ª 90 dias após o contrato. A taxa de juros firmada foi de 3,5% ao trimestre. Calcule o valor à vista desse financiamento.

Solução:

PGTO = R$ 2.178,01

n = 4 prestações trimestrais

i = 3,5% ao trimestre

VP = ?

VP = $PGTO \times 1 - (1 + i)^{-n} / i$

VP = R$ 2.178,01 $\times$ 1 - $(1,035)^{-4}$ / 0,035

VP = R$ 2.178,00 $\times$ 3,6731

VP = R$ 8.000,00

05. Um banco está financiando um imóvel que tem valor à vista de R$ 100.000,00, a ser pago pelo sistema *Price*, em 120 meses, a uma taxa de 1% ao mês. Qual o saldo devedor após o pagamento da 75ª parcela?

Capítulo 9 – Sistemas de amortização **157**

Solução:

VP = R$ 100.000,00

n = 120 prestações

i = 1% ao mês

Saldo devedor após o pagamento da 75ª parcela (VP_{75}) = ?

Primeiro passo: encontrar o valor das parcelas mensais.

PGTO = VP $\times$ i / 1 $-$ $(1 + i)^{-n}$

PGTO = R$ 100.000,00 $\times$ 0,01 / 1 $-$ $(1,01)^{-120}$

PGTO = R$ 1.000,00 / 0,697

PGTO = R$ 1.434,71

Segundo passo: encontrar o saldo devedor após o pagamento da 75ª parcela.

n = 120 $-$ 75 = 45

VP = PGTO $\times$ 1 $-$ $(1 + i)^{-n}$ / i

VP_{75} = R$ 1.434,71 $\times$ 1 $-$ $(1,01)^{-45}$ / 0,01

VP_{75} = R$ 1.434,71 $\times$ 36,09450844

VP_{75} = R$ 51.785,15

06. Um banco está financiando pelo sistema *Price* uma casa no valor de R$ 180.000,00, em 100 prestações mensais, iguais, à taxa de 1,2% ao mês. Descubra a prestação, a amortização, os juros e o saldo devedor após o pagamento da 70ª parcela.

Solução:

VP = R$ 180.000,00;

n = 100 prestações;

i = 1,2% ao mês;

PGTO = ?

Primeiro passo: encontrar o valor das parcelas.

PGTO = VP $\times$ i / 1 $-$ $(1 + i)^{-n}$

PGTO = R$ 180.000,00 x 0,012 / 1 $-$ $(1,012)^{-100}$

158 MATEMÁTICA FINANCEIRA E ESTATÍSTICA

PGTO = R$ 2.160,00 / 0,696646682
PGTO = R$ 3.100,57

Segundo passo: precisamos calcular a amortização.

A_n = amortização do período
A_1 = amortização do primeiro período
PGTO = pagamentos (parcelas)
VP = valor presente (valor à vista)

Agora, vamos encontrar os valores:
$A_1 = \text{PGTO} - i \times \text{VP}$
$A_1 = R\$ 3.100,57 - 0,012 \times R\$ 180.000,00$
$A_1 = R\$ 3.100,57 - 2.160,00$
$A_1 = R\$ 940,57$

Agora A_n passa a ser valor futuro (montante). Como a amortização só aparece no início do primeiro período e não no instante zero, temos n − 1, enquanto o A_1 aparece como valor presente. É só aplicar na fórmula:
$A_n = A_1 \times (1 + i)^{n-1}$
$A_{70} = R\$ 940,57 \times (1,012)^{70-1 = 69}$
$A_{70} = R\$ 940,57 \times (1,012)^{69}$
$A_{70} = R\$ 940,57 \times 2,277484148$
$A_{70} = R\$ 2.142,13$

Terceiro passo: encontrar os juros pagos na 70ª parcela.
$J_{70} = \text{PGTO}_{70} - A_{70}$
$J_{70} = R\$ 3.100,57 - R\$ 2.142,13$
$J_{70} = R\$ 958,44$

Quarto passo: calcular o saldo devedor após o 70º pagamento.
Onde o período (n) = 100 − 70 = 30
$VP_{70} = \text{PGTO} \times 1 - (1 + i)^{-n} / i$
$VP_{70} = R\$ 3.100,57 \times 1 - (1,012)^{-30} / 0,012$
$VP_{70} = R\$ 3.100,57 \times 25,06891988$
$VP_{70} = R\$ 77.727,94$

Capítulo 9 – Sistemas de amortização **159**

07. Uma imobiliária está vendendo um apartamento avaliado em R$ 500.000,00 à vista ou entrada de 50% mais 36 prestações mensais de R$ 5.000,00 e mais 6 parcelas semestrais de reforço, pela tabela *Price*. A taxa de juros do banco financiador é de 12% ao ano. Calcule o valor das parcelas semestrais.

Solução:

Valor a ser financiado (valor presente) = R$ 500.000,00 – 50%
Valor a ser financiado (valor presente) = R$ 500.000,00 –
   – R$ 250.000,00
Valor a ser financiado (valor presente) = R$ 250.000,00
i = 12% ao ano = 5,83% ao semestre = 0,95% ao mês
Prestações semestrais (n) = 6 parcelas
Prestações mensais (n) = 36 parcelas
PGTO (mensais) = R$ 5.000,00
PGTO (semestrais) = ?

Primeiro passo: descapitalizar as prestações mensais.
$VP = PGTO \times 1 - (1 + i)^{-n} / i$
$VP = R\$ 5.000,00 \times 1 - (1,0095)^{-36} / 0,0095$
$VP = R\$ 5.000,00 \times 30,36885951$
$VP = R\$ 151.844,30$

Segundo passo: subtrair do valor financiado esse valor.
$VP = R\$ 250.000,00 - R\$ 151.844,30$
$VP = R\$ 98.155,70$

Terceiro passo: encontrar o valor das parcelas semestrais.
$PGTO = VP \times i / 1 - (1 + i)^{-n}$
$PGTO = R\$ 98.155,70 \times 0,0583 / 1 - (1,0583)^{-6}$
$PGTO = R\$ 5.722,48 / 0,288217636$
$PGTO = R\$ 19.854,72$

08. Uma imobiliária resolve vender um terreno à vista por R$ 50.000,00 ou a prazo, a uma taxa de juros de 3,4% ao tri-

160 MATEMÁTICA FINANCEIRA E ESTATÍSTICA

mestre, com parcelas no valor de R$ 5.981,80 pela tabela *Price*. Qual o número de parcelas dessa operação, com vencimento da 1ª para 90 dias?

Solução:

VP = R$ 50.000,00

PGTO = R$ 5.981,80

$i = 3,4\%$ ao trimestre

n = ?

$VP = PGTO \times 1 - (1 + i)^{-n} / i$

$R\$ 50.000,00 = R\$ 5.981,80 \times 1 - (1,034)^{-n} / 0,034$

$R\$ 50.000,00 / R\$ 5.981,80 = 1 - (1,034)^{-n} / 0,034$

$8,35868802 \times 0,034 = 1 - (1,034)^{-n}$

$0,284195393 - 1 = - (1,034)^{-n}$

$- 0,715804607 = - (1,034)^{-n}$

$- n = \log 0,715804607 / \log 1,034$

$n = - (- 0,145205511) / 0,014520539$

$n = 10$ parcelas

09. Uma imobiliária está negociando um apartamento avaliado em R$ 1.200.000,00 à vista ou entrada de 40%, mais 36 prestações mensais e 6 semestrais de reforço de R$ 80.000,00. A taxa do banco financiador é de 11% ao ano. Calcule o valor das parcelas mensais.

Solução:

Valor a ser financiado (valor presente) = R$ 1.200.000,00 − 40%

Valor a ser financiado (valor presente) = R$ 1.200.000,00 −

− R$ 480.000,00

Valor a ser financiado (valor presente) = R$ 720.000,00

$i = 11\%$ ao ano $= 5,3565376\%$ ao semestre $= 0,8734594\%$ ao mês

Prestações semestrais (n) = 6 parcelas

Prestações mensais (n) = 36 parcelas
PGTO (semestrais) = R$ 80.000,00
PGTO (mensais) = ?

Primeiro passo: descapitalizar as prestações de reforço.
VP = PGTO × 1 − (1 + i)$^{-n}$ / i
VP = R$ 80.000,00 × 1 − (1,053565375)$^{-6}$ / 0,053565375
VP = R$ 80.000,00 × 5,018327931
VP = R$ 401.466,23

Segundo passo: subtraindo o valor financiado desse capital.
VP = R$ 720.000,00 − R$ 401.466,23
VP = R$ 318.533,77

Terceiro passo: encontrar o valor das parcelas mensais.
PGTO = VP × i / 1 − (1 + i)$^{-n}$
PGTO = R$ 318.533,77 × 0,008734594 / 1 − (1,008734594)$^{-36}$
PGTO = R$ 2.782,26 / 0,268808623
PGTO = R$ 10.350,34

10. Um banco está financiando uma casa de valor à vista de R$ 120.000,00, nas seguintes condições: 50% de entrada e mais 10 prestações trimestrais no valor de R$ 9.349,21, pela tabela *Price*. Qual o custo efetivo dessa operação financeira?

a) 9%.
b) 8%.
c) 7,5%.
d) 10%.

Solução:

Valor financiado (VP) = R$ 120.000,00 − 50%
Valor financiado (VP) = R$ 120.000,00 − R$ 60.000,00 =
= R$ 60.000,00
n = 10 prestações

162   MATEMÁTICA FINANCEIRA E ESTATÍSTICA

PGTO = R\$ 9.349,21

$i = ?$

Para solucionar esse problema, pode-se utilizar a técnica de "tentativa e erro", ou seja, aplicando na fórmula de valor presente as taxas dadas por opção. Fazendo isso encontra-se o valor financiado, logo a taxa solicitada.

$VP = PGTO \times 1 - (1 + i)^{-n} / i$

$VP = R\$ 9.349,21 \times 1 - (1,09)^{-10} / 0,09$

$VP = R\$ 9.349,21 \times 6,417657701$

$VP = R\$ 60.000,00$

O valor de R\$ 60.000,00 é o valor financiado, logo a taxa efetiva é 9% ao trimestre.

Resposta: letra a.

9.2. SISTEMA DE AMORTIZAÇÃO CONSTANTE – SAC

O SAC consiste em um plano de amortização de uma dívida em prestações periódicas, sucessivas e decrescentes em progressão aritmética, conforme o conceito de termos vencidos, em que o valor de cada prestação é composto por uma parcela de juros e outra parcela de amortização. Esse sistema é extremamente simples, sua denominação deriva da sua principal característica, ou seja, as amortizações periódicas são todas iguais ou constantes.

EXERCÍCIOS:

01. Uma pessoa fez um empréstimo de R\$ 18.000,00, a ser pago pelo Sistema de Amortização Constante, em 6 parcelas trimestrais, a uma taxa de juros de 3,5% ao trimestre. Com base nesses dados, encontre a amortização, os juros, a 1ª prestação e elabore uma planilha de pagamento.

Solução:

Primeiro passo: encontrar a amortização.

A = VP / n

A = R$ 18.000,00 / 6

A = R$ 3.000,00

Segundo passo: encontrar os juros da 1ª parcela.

$J = VP \times i$

J = R$ 18.000,00 × 0,035

J = R$ 630,00

Terceiro passo: encontrar o valor da 1ª parcela.

$PGTO_1 = A + J_1$

$PGTO_1$ = R$ 3.000,00 + R$ 630,00

$PGTO_1$ = R$ 3.630,00

Quarto passo: elaborar a planilha de pagamento.

Sistema de Amortização Constante – SAC				
Período	Prestações	Juros	Amortização	Saldo devedor
0				18.000,00
1	3.630,00	630,00	3.000,00	15.000,00
2	3.525,00	525,00	3.000,00	12.000,00
3	3.420,00	420,00	3.000,00	9.000,00
4	3.315,00	315,00	3.000,00	6.000,00
5	3.210,00	210,00	3.000,00	3.000,00
6	3.105,00	105,00	3.000,00	0,00
total	20.205,00	2.205,00	18.000,00	–

02. Um empréstimo de R$ 50.000,00 deve ser pago através do Sistema de Amortização Constante em 10 prestações mensais, a uma taxa de juros de 2% ao mês. Descubra: o valor das amortizações, o valor da 5ª prestação, o saldo devedor e os juros da 8ª parcela.

164 MATEMÁTICA FINANCEIRA E ESTATÍSTICA

Solução:

VP = R$ 50.000,00

n = 10 parcelas

i = 2% ao mês

A = ? ; $PGTO_5$ = ? ; VP_8 = ? ; J_8 = ?

Primeiro passo: encontrar o valor das amortizações.

A = VP / n

A = R$ 50.000,00 / 10

A = R$ 5.000,00

Segundo passo: encontrar o valor da 5ª prestação.

$PGTO_t = A \times [1 + i \times (n - t + 1)]$

$PGTO_5 = R\$ 5.000,00 \times [1 + 0,02 \times (10 - 5 + 1)]$

$PGTO_5 = R\$ 5.000,00 \times [1 + 0,02 \times 6]$

$PGTO_5 = R\$ 5.000,00 \times 1,12$

$PGTO_5 = R\$ 5.600,00$

Terceiro passo: encontrar o saldo devedor da 8ª prestação.

$VP_t = A \times (n - t)$

$VP_8 = R\$ 5.000,00 \times (10 - 8)$

$VP_8 = R\$ 5.000,00 \times 2$

$VP_8 = R\$ 10.000,00$

Quarto passo: encontrar os juros que correspondam à 8ª prestação.

$J_t = i \times A \times (n - t + 1)$

$J_8 = 0,02 \times R\$ 5.000,00 \times (10 - 8 + 1)$

$J_8 = R\$ 100,00 \times 3$

$J_8 = R\$ 300,00$

03. Uma imobiliária está vendendo um apartamento por R$ 340.000,00 à vista ou a prazo, com uma entrada de R$ 100.000,00 e o restante em 60 prestações mensais pelo SAC, a uma taxa de juros de 3% ao mês. Calcular:

Capítulo 9 – Sistemas de amortização **165**

a) o valor das amortizações;
b) o valor decrescente das prestações;
c) o valor da parcela e dos juros referentes à 30ª.

Solução:

Primeiro passo: encontrar o valor a ser financiado.
VP = valor à vista − entrada
VP = R$ 340.000,00 − R$ 100.000,00
VP = R$ 240.000,00

Segundo passo: encontrar o valor das amortizações.
A = VP / n
A = R$ 240.000,00 / 60
A = R$ 4.000,00

Terceiro passo: encontrar o valor decrescente das prestações.
razão (r) = $i \times A$
r = 0,03 × 4.000,00
r = R$ 120,00

Quarto passo: encontrar o valor da 30ª prestação.
$PGTO_t = A \times [1 + i \times (n − t + 1)]$
$PGTO_{30}$ = R$ 4.000,00 × [1 + 0,03 × (60 − 30 + 1)]
$PGTO_{30}$ = R$ 4.000,00 × [1,93]
$PGTO_{30}$ = R$ 7.720,00

Quinto passo: encontrar o valor dos juros que correspondam à 30ª prestação
$J_t = i \times A \times (n − t + 1)$
J_{30} = 0,03 × R$ 4.000,00 × (60 − 30 + 1)
J_{30} = R$ 120,00 × (31)
J_{30} = R$ 3.720,00

04. Uma imobiliária está vendendo uma casa avaliada em R$ 120.000,00 à vista. Ou, ainda, uma entrada de 30% sobre o

166 MATEMÁTICA FINANCEIRA E ESTATÍSTICA

valor venal do imóvel e mais 60 parcelas mensais pelo SAC, com taxa de juros linear de 36% ao ano. **Determine os valores:**

a) da 1ª e da 38ª prestação;

b) o somatório da 31ª a 60ª prestação (ambas inclusive);

c) o total de juros pagos nessa operação de financiamento.

Solução:

a) Primeiro passo: descobrir o valor das amortizações e a taxa de juros mensal.

Valor financiado = valor à vista − 30%

Valor financiado = R$ 120.000,00 − R$ 36.000,00

Valor financiado (VP) = R$ 84.000,00

$A = VP / n$

$A = R\$\ 84.000,00 / 60$

$A = R\$\ 1.400,00$

$i = 36\%$ ao ano $/ 12 = 3\%$ ao mês

Segundo passo: encontrar o valor da 1ª parcela.

$PGTO_t = A \times [1 + i \times (n - t + 1)]$

$PGTO_1 = R\$\ 1.400,00 \times [1 + 0,03 \times (60 - 1 + 1)]$

$PGTO_1 = R\$\ 1.400,00 \times [1 + 0,03 \times 60]$

$PGTO_1 = R\$\ 1.400,00 \times [2,8]$

$PGTO_1 = R\$\ 3.920,00$

Terceiro passo: encontrar o valor da 38ª parcela.

$PGTO_t = A \times [1 + i \times (n - t + 1)]$

$PGTO_{38} = R\$\ 1.400,00 \times [1 + 0,03 \times (60 - 38 + 1)]$

$PGTO_{38} = R\$\ 1.400,00 \times [1 + 0,03 \times (23)]$

$PGTO_{38} = R\$\ 1.400,00 \times [1,69]$

$PGTO_{38} = R\$\ 2.366,00$

Pode-se calcular utilizando a fórmula do termo geral da PA.

$PGTO_n = PGTO_1 - (n - 1) \times r$

Razão $(r) = i \times A$

Razão $(r) = 0,03 \times 1.400,00$

Razão (r) = R$ 42,00

$PGTO_{38} = R\$ 3.920,00 - (38 - 1) \times R\$ 42,00$

$PGTO_{38} = R\$ 3.920,00 - R\$ 1.554,00$

$PGTO_{38} = R\$ 2.366,00$

b) Encontrar o total das prestações compreendidas entre 31ª e 60ª (inclusive).

$\Sigma PGTO_{(31\ a\ 60)} = A \times k \{ 1 + i \times [2 \times (n - t) - k + 1] / 2 \}$

$\Sigma PGTO_{(31\ a\ 60)} = R\$ 1.400,00 \times 30 \{ 1 + 0,03 \times [2 \times (60 - 30) -$
$- 30 + 1] / 2 \}$

$\Sigma PGTO_{(31\ a\ 60)} = R\$ 42.000,00 \{ 1 + 0,03 \times [60 - 29] / 2 \}$

$\Sigma PGTO_{(31\ a\ 60)} = R\$ 42.000,00 \times \{ 1 + 0,03 \times [31] / 2 \}$

$\Sigma PGTO_{(31\ a\ 60)} = R\$ 42.000,00 \times 1,465$

$\Sigma PGTO_{(31\ a\ 60)} = R\$ 61.530,00$

c) Encontrar os juros pagos nessa operação.

Primeiro passo: descobrir J_1 e J_{60}.

$J_1 = R\$ 84.000,00 \times 0,03$

$J_1 = R\$ 2.520,00$

$J_{60} = r = R\$ 42,00$

Segundo passo: encontrar a soma total dos juros utilizando a fórmula da soma de uma PA.

$J_{TOTAL} = (J_1 + J_{60}) \times n / 2$

$J_{TOTAL} = (R\$ 2.520,00 + R\$ 42,00) \times 60 / 2$

$J_{TOTAL} = R\$ 153.720,00 / 2$

$J_{TOTAL} = R\$ 76.860,00$

05. Uma empresa está fazendo um empréstimo de R$ 90.000,00 em um banco, a ser liquidado através do Sistema de Amortização Constante, a uma taxa de juros linear de 30% ao ano. Sabe-se que a 1ª parcela de R$ 4.750,00 vence daqui a 30 dias. Determine:

a) o número de parcelas a serem pagas;

b) o somatório total das prestações pagas pela empresa;

c) o total dos juros pagos pela empresa.

168 MATEMÁTICA FINANCEIRA E ESTATÍSTICA

Solução:

Valor presente (VP) = R$ 90.000,00

$PGTO_1$ = R$ 4.750,00

A = R$ 90.000,00 / n

i = 30% ao ano = 2,5% ao mês

n = ?

a) Encontrar o número de parcelas.

$PGTO_1 = A + J_1$

$PGTO_1 = VP / n + i \times VP$

R$ 4.750,00 = R$ 90.000,00 / n + 0,025 × R$ 90.000,00

R$ 4.750,00 − R$ 2.250,00 = R$ 90.000,00 / n

R$ 2.500,00 × n = R$ 90.000,00

n = R$ 90.000,00 / R$ 2.500,00

n = 36 parcelas

b) Encontrar o valor total das prestações pagas pela empresa.

Primeiro passo: encontrar a razão e o último pagamento.

Conforme o conceito de PA, temos:

$PGTO_1$ = R$ 4.750,00

$r = A \times i$

r = R$ 90.000,00 / 36 × 0,025 = R$ 62,50

$PGTO_n = PGTO_1 − (n − 1) \times r$

$PGTO_{36}$ = R$ 4.750,00 − (36 − 1) × R$ 62,50

$PGTO_{36}$ = R$ 4.750,00 − (35) × R$ 62,50

$PGTO_{36}$ = R$ 4.750,00 − R$ 2.187,50

$PGTO_{36}$ = R$ 2.562,50

Segundo passo: encontrar o valor total das prestações.

Aplicando a fórmula da soma de uma PA, temos:

$PGTO_{TOTAL} = (PGTO_1 + PGTO_{36}) \times n / 2$

$PGTO_{TOTAL}$ = (R$ 4.750,00 + R$ 2.562,50) × 36 / 2

$PGTO_{TOTAL}$ = R$ 263.250,00 / 2

$PGTO_{TOTAL}$ = R$ 131.625,00

Capítulo 9 – Sistemas de amortização **169**

c) Encontrar o valor total dos juros pagos pela empresa.

Primeiro passo: encontrar J_1 e J_{36}.

$J_1 = R\$ 90.000,00 \times 0,025$

$J_1 = R\$ 2.250,00$

$J_{36} = r = R\$ 62,50$

Segundo passo: encontrar a soma do valor total, aplicando a fórmula da soma dos termos de uma PA.

$J_{TOTAL} = (J_1 + J_{36}) \times n / 2$

$J_{TOTAL} = (R\$ 2.250,00 + R\$ 62,50) \times 36 / 2$

$J_{TOTAL} = R\$ 83.250,00 / 2$

$J_{TOTAL} = R\$ 41.625,00$

9.3. SISTEMA DE AMORTIZAÇÃO CRESCENTE – SACRE

Atualmente utilizado pela Caixa Econômica Federal na concessão de financiamentos para a compra de imóveis. Esse tipo de plano de amortização tende a evitar o aparecimento do resíduo final. A parcela é mantida constante durante o primeiro ano (esse prazo pode estendido para dois anos); ela é corrigida anualmente de acordo com o Sistema de Amortização Constante, com base no saldo devedor existente, utilizando uma taxa de correção. A dinâmica desse sistema é que o saldo devedor deverá ser refinanciado, ou seja, corrigido periodicamente.

EXERCÍCIO:

01. Uma pessoa deseja comprar um terreno que custa, hoje, R\$ 20.000,00, a ser financiado pela Caixa Econômica Federal, através do Sistema de Amortização SACRE, em 36 parcelas mensais. A taxa de juros é de 1,5% ao mês e com correção monetária de 12% ao ano. Calcule os valores do 1º primeiro mês, do 13º mês, do 25º mês e elabore uma planilha.

170 MATEMÁTICA FINANCEIRA E ESTATÍSTICA

Solução:

A primeira linha da tabela de amortização é calculada pelo SAC:

Amortização = valor presente / períodos

$A = VP / n$

$A_1 = 20.000,00 / 36 = R\$ 555,56$

Juros = valor presente × taxa

$J = VP \times i$

$J_1 = 20.000,00 \times 0,01 = R\$ 200,00$

$PGTO_1 = A_1 + J_1$

$PGTO_1 = R\$ 555,56 + R\$ 200,00 = R\$ 755,56$

Para o cálculo da 13ª linha (2º ano), procedemos da mesma forma:

$A_{13} = R\$ 12.954,16 / 24 = R\$ 539,76$

$J_{13} = R\$ 12.954,16 \times 0,01 = R\$ 129,54$

$PGTO_{13} = R\$ 539,76 + R\$ 129,54 = R\$ 669,30$

Para o cálculo da 25ª linha (3º ano), procedemos da mesma forma:

$A_{25} = R\$ 6.108,70 / 12 = R\$ 509,06$

$J_{25} = R\$ 6.108,70 \times 0,01 = R\$ 61,09$

$PGTO_{25} = R\$ 509,06 + R\$ 61,09 = R\$ 570,15$

Sistema de Amortização SACRE				
Período	Prestações	Juros	Amortização	Saldo devedor
0				20.000,00
1	755,56	200,00	555,56	19.444,44
2	755,56	194,44	561,11	18.883,33
3	755,56	188,83	566,72	18.316,61
.	"	.	.	.
.	"	.	.	.
.	"	.	.	.
12	755,56	135,74	619,82	12.954,16
13	669,30	129,54	539,76	12.414,41
.	"	.	.	.

Sistema de Amortização SACRE				
Período	Prestações	Juros	Amortização	Saldo devedor
.	"	.	.	.
.	"	.	.	.
24	669,30	67,11	602,19	6.108,70
25	570,15	61,09	509,06	5.599,64
.	"	.	.	.
.	"	.	.	.
.	"	.	.	.
35	570,15	7,83	562,32	220,51
36	570,15	2,21	567,94	(347,43)

O valor da parcela permanece constante pelo período de 12 meses. No final desse período, o valor da parcela é recalculado pela taxa de correção monetária, utilizando a mesma metodologia, tomando como base o saldo devedor depois de 12 meses, assim como o saldo devedor depois de 24 meses. Ao final de 36 meses, teremos um resíduo de – 347,43.

capítulo · 10

Análise de investimento

Praticamente toda operação financeira é representada em termos de fluxos de caixa, muito utilizados em análises de projetos financeiros e de investimentos. O método de avaliação consiste, basicamente, em comparar o valor presente dos fluxos futuros de caixa com o capital inicial (recebimento ou pagamento) no presente momento. Esses valores trazidos ao presente são calculados de acordo com o regime de capitalização composta, tendo como base uma taxa de juros fornecida.

Exemplo:

Vamos considerar um investimento em uma máquina no valor de R$ 1.000.000,00, com vida útil de 5 anos, valor residual de R$ 50.000,00 e cujos produtos gerarão receitas líquidas futuras anuais de R$ 250.000,00. Nesse exemplo, teremos o seguinte diagrama de fluxo de caixa:

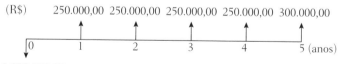

Observe que há uma saída de caixa decorrente do investimento na máquina e uma série de entradas periódicas decorrentes das vendas dos produtos, além da venda da própria máquina ao final do 5º ano. Perceba que no 5º ano existe uma entrada de R$ 300.000,00, o que corresponde à soma da entrada relativa ao líquido anual e ao valor residual (R$ 250.000,00 + R$ 50.000,00).

10.1. TAXA MÍNIMA DE ATRATIVIDADE (TMA)

É a taxa que representa o mínimo que um investidor se propõe a ganhar quando faz um investimento, ou o máximo que um tomador de dinheiro se propõe a pagar quando faz um financiamento. Ela é formada basicamente a partir de três componentes, integrantes do denominado "cenário administrativo", ou do cenário para tomada de decisão. São eles: o custo de oportunidade; o risco do negócio e a liquidez do negócio.

Exemplo:

Admita um investimento de R$ 200.000,00, desembolso previsto para o investimento, em que se tem uma taxa mínima de atratividade de 20% ao ano, com entrada de caixa de R$ 120.000,00 ao final dos próximos 5 anos, conforme mostra o gráfico a seguir:

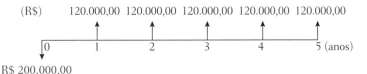

Valor presente (VP_0) = R$ 200.000,000
Parcelas (PGTO) = R$ 120.000,00
i = 20% ao ano
Índice de rentabilidade (IR) = ?
$VP = PGTO \times 1 - (1 + i)^{-n} / i$
VP = R$ 120.000,00 × 1 - (1,20)$^{-5}$ / 0,20
VP = R$ 120.000,00 × 2,99061214
VP = R$ 358.873,46
$IR = VP / VP_0$
IR = R$ 358.873,46 / R$ 200.000,00
IR = 1,7944

Esse resultado informa que para cada R$ 1,00 aplicado na alternativa de investimento, quanto o projeto produziu de retorno, ou seja, os fluxos futuros de caixa em valores atualizados pela taxa de atratividade.

Capítulo 10 – Análise de investimento **175**

Quando o resultado do índice apresenta um valor acima de 1,0, indica que há atratividade econômica no investimento.

10.2. MÉTODOS DE ANÁLISE DE INVESTIMENTO

10.2.1. Valor presente

O valor presente (VP) de uma série de pagamentos ou recebimentos é determinado pelo somatório dos fluxos futuros trazidos cada um ao valor atual, descontados por uma taxa dada.

VP   PGTO   PGTO   PGTO   PGTO   PGTO

├─────┼─────┼─────┼─····─┼─────┤

0   1   2   3 $n-1$ n (períodos)

10.2.1.1. Valor Presente Líquido (VPL)

O valor presente líquido é um método de análise de fluxo de caixa, obtido pela diferença entre o valor presente de uma série de recebimentos (ou pagamentos) previstos de caixa, iguais ou diferentes, e o fluxo inicial de caixa (investimento, empréstimo ou financiamento). O cálculo é expresso da seguinte forma:

$$VLP = \frac{PGTO_1}{(1+i)^1} + \frac{PGTO_2}{(1+i)^2} + \dots + \frac{PGTO_n}{(1+i)^n} - PGTO_0$$

EXERCÍCIOS:

01. Uma empresa pretende ampliar sua linha de produção; entretanto, precisará investir R$ 100.000,00. A previsão de benefícios anuais de caixa durante 5 anos são: R$ 50.000,00, R$ 60.000,00,

R$ 70.000,00, R$ 80.000,00 e R$ 90.000,00, respectivamente, definindo uma taxa de desconto de 20% ao ano a ser aplicada aos fluxos de caixa do investimento. Com base nesses dados, calcule o VPL e avalie se o investimento é viável.

Solução:

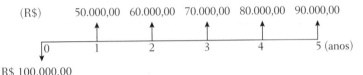

R$ 100.000,00

Investimento inicial $(PGTO_0)$ = R$ 100.000,00

i = 20% ao ano

n = 5

VPL = ?

VPL = PGTO / $(1 + i)^1$ + PGTO / $(1 + i)^2$ + PGTO / $(1 + i)^3$ + + PGTO / $(1 + i)^4$ + PGTO / $(1 + i)^5$ − $PGTO_0$

VPL = R$ 50.000,00 / $(1,20)^1$ + R$ 60.000,00 / $(1,20)^2$ + + R$ 70.000,00 / $(1,20)^3$ + R$ 80.000,00 / $(1,20)^4$ + + R$ 90.000,00 / $(1,20)^5$ − R$ 100.000,00

VPL = R$ 41.666,67 + R$ 41.666,67 + R$ 40.509,26 + + R$ 38.580,25 + R$ 36.168,98 − R$ 100.000,00

VPL = R$ 198.591,83 − R$ 100.000,00

VPL = R$ 98.591,82

É aconselhável que a empresa invista na ampliação da produção, pois o investimento apresenta-se atraente, o resultado do valor presente líquido é positivo e oferece uma taxa de rentabilidade anual superior aos 20%.

02. Uma empresa pretende abrir uma nova unidade fabril. O valor a ser investido é de R$ 1.000.000,00, projetando as seguintes entradas de caixa nos próximos 5 anos: R$ 200.000,00, R$ 300.000,00, R$ 400.000,00, R$ 500.000,00 e R$ 600.000,00.

A taxa definida de desconto é de 15% ao ano. Encontre o valor presente líquido.

Solução:

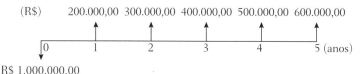

R$ 1.000.000,00

Investimento inicial (PGTO$_0$) = R$ 1.000.000,00
i = 15% ao ano
n = 5
VPL = ?
VPL = PGTO / $(1 + i)^1$ + PGTO / $(1 + i)^2$ + PGTO / $(1 + i)^3$ +
+ PGTO / $(1 + i)^4$ + PGTO / $(1 + i)^5$ − PGTO$_0$
VPL = R$ 200.000,00 / $(1,15)^1$ + R$ 300.000,00 / $(1,15)^2$ +
+ R$ 400.000,00 / $(1,15)^3$ + R$ 500.000,00 / $(1,15)^4$ +
+ R$ 600.000,00 / $(1,15)^5$ − R$ 1.000.000,00
VPL = R$ 173.913,04 + R$ 226.843,10 + R$ 263.006,49 +
+ R$ 285.876,62 + R$ 298.306,04 − R$ 1.000.000,00
VPL = R$ 1.247.945,30 − R$ 1.000.000,00
VPL = R$ 247.945,30
O projeto é viável e deve ser concretizado pela empresa.

03. Com dados do problema anterior, vamos fazer o cálculo com uma taxa de desconto anual de 25% e analisar se o projeto ainda é aceitável.

Solução:

Investimento inicial (PGTO$_0$) = R$ 1.000.000,00
i = 25% ao ano
n = 5
VPL = ?

178 MATEMÁTICA FINANCEIRA E ESTATÍSTICA

$VPL = PGTO / (1 + i)^1 + PGTO / (1 + i)^2 + PGTO / (1 + i)^3 +$
$+ PGTO / (1 + i)^4 + PGTO / (1 + i)^5 - PGTO_0$
$VPL = R\$ 200.000,00 / (1,25)^1 + R\$ 300.000,00 / (1,25)^2 +$
$+ R\$ 400.000,00 / (1,25)^3 + R\$ 500.000,00 / (1,25)^4 +$
$+ R\$ 600.000,00 / (1,25)^5 - R\$ 1.000.000,00$
$VPL = R\$ 160.000,00 + R\$ 192.000,00 + R\$ 204.800,00 +$
$+ R\$ 204.800,00 + R\$ 196.608,00 - R\$ 1.000.000,00$
$VPL = R\$ 958.208,00 - R\$ 1.000.000,00$
$VPL = (R\$ 41.792,00)$

O projeto deixou de ser viável, considerando uma taxa de desconto de 25%, pois apresenta um VPL negativo.

10.3. CUSTO ANUAL

O uso do método do custo equivalente anual é amplamente adotado nas decisões financeiras, citando-se, principalmente, aquelas que envolvem comprar ou arrendar, alternativas com diferentes vidas úteis, reposições de ativos, entre outras.

EXERCÍCIOS:

01. Uma empresa está planejando comprar um caminhão cujo valor à vista é de R\$ 100.000,00, com vida útil de 5 anos; ao fim desse tempo, apresenta valor residual de R\$ 20.000,00 do valor de compra. Os custos operacionais previstos são de R\$ 15.000,00 por ano. Com base nessas informações, pede-se para apurar o custo equivalente anual da decisão de compra do veículo, reconhecendo a taxa de juros de 15% ao ano.

Solução:

Primeiro passo: encontrar o investimento líquido da compra do caminhão.

Capítulo 10 – Análise de investimento **179**

Valor à vista do caminhão (valor presente $= VP_1) = R\$ 100.000,00$

Valor residual (valor futuro $= VF) = R\$ 20.000,00$

$i = 15\%$ ao ano

$n = 5$ anos

$VP = VF / (1 + i)^n$

$VP_2 = 20.000,00 / (1,15)^5$

$VP_2 = R\$ 9.943,53$

$VP_{REAL} = (VP_1) - (VP_2)$

$VP_{REAL} = R\$ 100.000,00 - R\$ 9.943,53$

$VP_{REAL} = R\$ 90.056,47$

Segundo passo: encontrar o custo equivalente anual.

$PGTO = VP_{REAL} \times i / 1 - (1 + i)^{-n}$

Custo anual do investimento:

$PGTO = R\$ 90.056,47 \times 0,15 / 1 - (1,15)^{-5}$

$PGTO = R\$ 13.508,47 / 0,502823265$

$PGTO = R\$ 26.865,25$

Custo operacional anual $= R\$ 15.000,00$

Custo equivalente anual $=$ Custo anual do investimento $+$

$+$ Custo operacional anual

Custo equivalente anual $= R\$ R\$ 26.865,25 + R\$ 15.000,00$

Custo equivalente anual $= R\$ 41.865,25$

Se a empresa resolver comprar o caminhão, terá um custo anual de R\$ 41.865,25.

02. Uma empresa comprou uma máquina no valor de R\$ 200.000,00, com vida útil de 10 anos; ao fim desse tempo, seu valor residual será 10% do valor de compra. Os custos operacionais previstos são de R\$ 20.000,00 por ano. Com base nessas informações, pede-se para apurar o seu custo equivalente anual reconhecendo uma taxa de juros de 12% ao ano.

180 MATEMÁTICA FINANCEIRA E ESTATÍSTICA

Solução:

Primeiro passo: encontrar o valor presente da máquina.

Valor à vista da máquina (VP_1) = R$ 200.000,00

Valor residual (VF) = R$ 200.000,00 × 10% = R$ 20.000,00

i = 12% ao ano

n = 10 anos

$VP = VF / (1 + i)^n$

$VP_2 = 20.000,00 / (1,12)^{10}$

VP_2 = R$ 6.439,46

$VP_{REAL} = (VP_1) - (VP_2)$

VP_{REAL} = R$ 200.000,00 − R$ 6.439,46

VP_{REAL} = R$ 193.560,54

Segundo passo: encontrar o custo equivalente anual.

$PGTO = VP_{REAL} \times i / 1 - (1 + i)^{-n}$

Custo anual do investimento:

$PGTO$ = R$ 193.560,54 × 0,12 / 1 − $(1,12)^{-10}$

$PGTO$ = R$ 23.227,26 / 0,678026763

$PGTO$ = R$ 34.257,15

Custo operacional anual = R$ 20.000,00

Custo equivalente anual = custo anual do investimento +

+ custo operacional anual

Custo equivalente anual = R$ 34.257,15 + R$ 20.000,00

Custo equivalente anual = R$ 54.257,15

A empresa terá um custo anual de R$ 54.257,15 com a máquina.

10.4. TAXA INTERNA DE RETORNO (TIR)

É a taxa de juros (desconto) que iguala o valor presente de um ou mais pagamentos (saídas de caixa) com o valor presente de um ou mais recebimentos (entradas de caixa). Normalmente, adota-se o momento zero (fluxo de caixa inicial) que representa o valor do investimento, tendo como data focal de comparação dos fluxos de caixa.

$$PGTO_0 = \frac{PGTO_1}{(1+i)^1} + \frac{PGTO_2}{(1+i)^2} + \ldots + \frac{PGTO_n}{(1+i)^n}$$

EXERCÍCIOS:

01. Uma empresa está analisando um empréstimo bancário de R$ 60.000,00, a ser liquidado em 4 pagamentos trimestrais de R$ 18.000,00, R$ 20.000,00, R$ 24.000,00 e R$ 26.000,00. Qual a taxa interna de retorno dessa operação?

a) 15,10%.
b) 18,25%.
c) 19,20%.
d) 16,09%.

Solução:

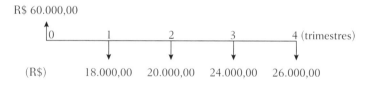

Para encontrar a taxa interna de retorno desse exercício, basta aplicar na fórmula de valor presente as taxas dadas como opção. Através de uma delas encontra-se o valor do empréstimo (valor presente), portanto a taxa solicitada, como segue:

$VP = PGTO_1 / (1+i)^n + PGTO_2 / (1+i)^n + PGTO_3 / (1+i)^n +$
$+ PGTO_4 / (1+i)^n$
$VP = R\$ 18.000,00 / (1,1609)^1 + R\$ 20.000,00 / (1,1609)^2 +$
$+ R\$ 24.000,00 / (1,1609)^3 + R\$ 26.000,00 / (1,1609)^4$
$VP = R\$ 15.505,21 + 14.840,22 + 15.340,05 + 14.315,09$
$VP = R\$ 60.000,57$

Resposta: letra d.

Esse fluxo de caixa (saídas) descontado pela taxa dada, 16,09%, resulta em um valor presente de R$ 60.000,57, portanto pode-se considerar essa taxa como a solicitada na questão. Pois a taxa que dá o valor exato é de 16,0904492%, apenas ajustada para 16,09%.

02. Determine a taxa interna de retorno e a rentabilidade total, referentes a um projeto que tem um investimento inicial de R$ 100.000,00, com uma previsão de entradas nos próximos 5 anos de R$ 20.000,00, R$ 30.000,00, R$ 40.000,00, R$ 50.000,00 e R$ 60.000,00.

Solução:

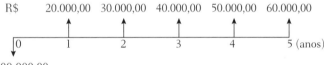

Para encontrar a taxa interna de retorno desse fluxo, utilizaremos a técnica de "tentativa e erro", ou seja, pelo processo iterativo de interpolação linear.

Primeiro passo: adotemos a taxa de 15% ao semestre para descontar o fluxo.

$VP = PGTO_1 / (1 + i)^n + PGTO_2 / (1 + i)^n + PGTO_3 / (1 + i)^n +$
$+ PGTO_4 / (1 + i)^n + PGTO_5 / (1 + i)^n$
$VP = R\$ 20.000,00 / (1,15)^1 + R\$ 30.000,00 / (1,15)^2 +$
$+ R\$ 40.000,00 / (1,15)^3 + R\$ 50.000,00 / (1,15)^4 +$
$+ R\$ 60.000,00 / (1,15)^5$
$VP = R\$ 17.391,30 + R\$ 22.684,31 + R\$ 26.300,65 +$
$+ R\$ 28.587,66 + R\$ 29.830,60$
$VP = R\$ 124.794,53$

Segundo passo: como o valor presente desses pagamentos é superior a R$ 100.000,00, percebe-se que a taxa procurada é maior que 15%. Vamos tentar com 25%:

Capítulo 10 – Análise de investimento   183

$VP = R\$ 20.000,00 / (1,25)^1 + R\$ 30.000,00 / (1,25)^2 +$
$+ R\$ 40.000,00 / (1,25)^3 + R\$ 50.000,00 / (1,25)^4 +$
$+ R\$ 60.000,00 / (1,25)^5$
$VP = R\$ 16.000,00 + R\$ 19.200,00 + R\$ 20.480,00 +$
$+ R\$ 20.480,00 + R\$ 19.660,80$
$VP = R\$ 95.820,80$

Terceiro passo: o valor encontrado é menor que R\$ 100.000,00, logo a taxa procurada está compreendida entre 15% e 25%. Temos duas taxas como referência. Agora podemos utilizar a interpolação linear.

$(R\$ 124.794,53 - R\$ 95.820,80) : (15\% - 25\%)$
$(R\$ 100.000,00 - R\$ 95.820,80) : (x - 25\%)$
$(x - 25\%) = 4.179,20 \times (- 10\%) / 28.973,73$
$(x - 25\%) = - 41.792,00 / 28.973,73$
$x = 25\% - 1,44\%$
$x = 23,56\%$

Agora vamos utilizar essa taxa para encontrar o valor presente:
$VP = R\$ 20.000,00 / (1,2356)^1 + R\$ 30.000,00 / (1,2356)^2 +$
$+ R\$ 40.000,00 / (1,2356)^3 + R\$ 50.000,00 / (1,2356)^4 +$
$+ R\$ 60.000,00 / (1,2356)^5$
$VP = R\$ 16.186,47 + 19.650,13 + 21.204,41 +$
$+21.451,54 + 20.833,48$
$VP = R\$ 99.326,03$

Quarto passo: esse valor ainda é menor que R\$ 100.000,00 logo, como a taxa é um pouco menor, é necessário fazer uma nova interpolação.

$(R\$ 99.326,03 - R\$ 95.820,80) : (23,56\% - 25\%)$
$(R\$ 100.000,00 - R\$ 99.326,03) : (x - 23,56\%)$
$(x - 23,56\%) = 673,97 \times (- 1,44\%) / 3.505,23$
$(x - 23,56\%) = - 970,52\% / 3.505,23$
$x = 23,56\% - 0,28\%$
$x = 23,28\%$

184 MATEMÁTICA FINANCEIRA E ESTATÍSTICA

Agora vamos utilizar essa taxa para encontrar o valor presente:

$VP = R\$ 20.000,00 / (1,2328)^1 + R\$ 30.000,00 / (1,2328)^2 +$
$+ R\$ 40.000,00 / (1,2328)^3 + R\$ 50.000,00 / (1,2328)^4 +$
$+ R\$ 60.000,00 / (1,2328)^5$
$VP = R\$ 16.223,23 + R\$ 19.739,49 + R\$ 21.349,22 +$
$+ R\$ 21.647,09 + R\$ 21.071,14$
$VP = R\$ 100.030,18$

Quinto passo: esse valor é maior que R\$ 100.000,00. Sendo a taxa um pouco maior, é necessário fazer uma nova interpolação.

(R\$ 100.030,18 − R\$ 99.326,03) : (23,28% − 23,56%)
(R\$ 100.000,00 − R\$ 100.030,18) : (x − 23,28%)
(x − 23,28%) = − 30,18 × (− 0,28%) / 704,15
(x − 23,28%) = 8,45% / 704,15
x = 23,28% + 0,01%
x = 23,29%

Agora vamos utilizar essa taxa para encontrar o valor presente:

$VP = R\$ 20.000,00 / (1,2329)^1 + R\$ 30.000,00 / (1,2329)^2 +$
$+ R\$ 40.000,00 / (1,2329)^3 + R\$ 50.000,00 / (1,2329)^4 +$
$+ R\$ 60.000,00 / (1,2329)^5$
$VP = R\$ 16.221,92 + R\$ 19.736,29 + R\$ 21.344,03 +$
$+ R\$ 21.640,07 + R\$ 21.062,60$
$VP = R\$ 100.004,90$

Sexto passo: esse valor ainda é maior que R\$ 100.000,00. Sendo a taxa um pouco maior, será necessário fazer uma nova interpolação.

(R\$ 100.004,90 − R\$ 100.030,18) : (23,29% − 23,28%)
(R\$ 100.000,00 − R\$ 100.004,90) : (x − 23,29%)
(x − 23,29%) = − 4,90 × (0,01%) / − 25,28
(x − 23,29%) = − 0,049% / − 25,28
x = 23,29% + 0,001938291%
x = 23,29193829%

Capítulo 10 – Análise de investimento 185

Agora, vamos utilizar essa taxa para encontrar o valor presente:

VP = R$ 20.000,00 / (1,232919383)[1] +
+ R$ 30.000,00 / (1,232919383)[2] +
+ R$ 40.000,00 / (1,232919383)[3] +
+ R$ 50.000,00 / (1,232919383)[4] +
+ R$ 60.000,00 / (1,232919383)[5]

VP = R$ 16.221,66 + 19.735,67 + 21.343,02 + 21.638,71 +
+ 21.060,94

VP = R$ 100.00,00

A taxa interna de retorno deste investimento é de 23,29193829% ao ano, pois, descontando os fluxos anuais com essa taxa, se chega ao capital do investimento.

A rentabilidade total acumulada do projeto para os 5 anos é a seguinte:

Rentabilidade total = $(1,232919383)^5 - 1 = 1,848875048$

Rentabilidade total = 184,89% no período.

10.4.1. Nota

Outro processo muito utilizado é o método iterativo de Newton-Raphson, que permite encontrar a taxa desejada de forma mais rápida. Entretanto, esse processo é bem mais complexo, pois obriga a utilização de derivadas.

10.5. PAYBACK (PERÍODO DE RECUPERAÇÃO DE INVESTIMENTO)

É chamado de período de recuperação de investimento. É uma ferramenta de análise referente a investimentos que determina quanto tempo é necessário para que se recupere o valor investido. Esse método é muito usado por pequenas empresas, devido à facilidade de cálculo e ao fato de ser bastante intuitivo. Quanto maior o *payback*, maior o tempo

186 MATEMÁTICA FINANCEIRA E ESTATÍSTICA

necessário para que o investimento se pague. Além disso, quanto maior o *payback*, maior o risco envolvido, pois o futuro é incerto. Dessa forma, por esse critério, a regra básica é "quanto menor melhor". O *payback*, embora seja muito usado, desconsidera o valor do dinheiro no tempo.

EXERCÍCIOS:

01. Uma empresa planeja investir em um projeto R$ 50.000,00. Ela prevê que o projeto proporcionará entradas de caixa de R$17.000,00, R$ 18.000,00, R$ 20.000,00 e R$ 20.000,00 nos próximos semestres, respectivamente. Se a empresa tem como meta um *payback* de 3 semestres, é recomendável aceitar o projeto?

Solução:

Semestres	Fluxo de caixa (R$)
1	17.000,00
2	18.000,00
3	20.000,00
4	20.000,00

Após 2 semestres, a empresa terá recuperado R$ 35.000,00 dos seus R$ 50.000,00 investidos. Assim, vamos calcular a proporção do 3° semestre, no qual a empresa precisará recuperar os R$ 15.000,00 restantes do investimento inicial (R$ 50.000,00 − R$ 35.000,00). Simplesmente, basta dividir os R$ 15.000,00 pela entrada de caixa do terceiro período:

R$ 15.000,00 / R$ 20.000,00 = 0,75

Multiplicando esse resultado pelo número de meses do semestre, temos: $0,75 \times 6 = 4,5$, ou seja, o total do prazo para que o investimento seja recuperado é de 2 semestres, 4 meses e 15 dias. Nesse caso, o período de recuperação é menor que o período planejado pela empresa, de 3 semestres, portanto o projeto deve ser aceito.

02. Uma empresa planeja investir em uma linha de produção o capital inicial de R$ 100.000,00, prevendo entradas anuais iguais e sucessivas de R$ 40.000,00 nos próximos 4 anos. A empresa tem como meta recuperar o investimento em 3 anos. Você recomendaria o investimento na linha de produção dessa empresa?

Solução:

Anos	Fluxo de caixa (R$)
1	40.000,00
2	40.000,00
3	40.000,00
4	40.000,00

No segundo ano, a empresa terá recuperado R$ 80.000,00 dos R$ 100.000,00 investidos, logo:

$payback = 20.000,00 / 40.000,00 = 0,5 + 2 = 2,5$ anos, o tempo para recuperar o investimento. Sim, é recomendável.

Outra maneira de calcular o *payback* no caso de uma série uniforme é dividir o investimento total pela receita líquida anual (R$ 100.000,00 / R$ 40.000,00 = 2,5 anos).

Parte 2
Estatística

capítulo · 1

Estatística

1.1. CONCEITO

Estatística é o ramo da matemática aplicada que fornece técnica para coleta, organização, descrição, análise e interpretação de dados para serem utilizados nas tomadas de decisões.

1.2. DISTRIBUIÇÃO DE FREQUÊNCIA

1.2.1. Dados brutos

Quando colhemos os dados, eles aparecem na ordem em que foram coletados. Esse conjunto inicial de dados é chamado de dados brutos ou tabela primitiva.

Exemplo:

Suponhamos que recolhemos os dados relativos à altura de 40 alunos para formar uma amostra dos alunos de ensino médio de uma escola brasileira, apresentando os seguintes números em metro (m) na tabela a seguir:

1,70	1,65	1,71	1,63	1,62	1,80	1,69	1,55
1,62	1,64	1,66	1,60	1,68	1,58	1,59	1,61

192 MATEMÁTICA FINANCEIRA E ESTATÍSTICA

1,67	1,57	1,75	1,72	1,77	1,62	1,68	1,75
1,73	1,60	1,69	1,68	1,64	1,65	1,58	1,60
1,70	1,71	1,72	1,66	1,65	1,63	1,61	1,68

Dessa maneira, é difícil avaliar as estaturas dos alunos. Qual a menor ou maior estatura? Ou quantos alunos estão abaixo ou acima de uma dada estatura? Partindo desses questionamentos, pode-se perceber que a melhor forma de analisar os dados é colocá-los em ordem crescente ou decrescente. Após a ordenação dos dados, a tabela recebe o nome de rol.

1.2.2. Rol

Quando colocamos os dados em alguma ordem, crescente ou decrescente, eles ficam organizados em rol, hoje também pode ser chamado de "lista". Seguindo nosso exemplo, temos:

1,55	1,57	1,58	1,58	1,59	1,60	1,60	1,60
1,61	1,61	1,62	1,62	1,62	1,63	1,63	1,64
1,64	1,65	1,65	1,65	1,66	1,66	1,67	1,68
1,68	1,68	1,68	1,69	1,69	1,70	1,70	1,71
1,71	1,72	1,72	1,73	1,75	1,75	1,77	1,80

1.2.3. Amplitude da Amostra (AA)

É a diferença entre o valor máximo e o valor mínimo da amostra:

$$AA = x_{máx} - x_{mín}$$

Onde:

AA = amplitude da amostra

$x_{máx}$ = valor máximo da amostra

$x_{mín}$ = valor mínimo da amostra

Capítulo 1 – Estatística **193**

1.2.4. Amplitude Total da distribuição (AT)

É a diferença entre o limite superior da última classe e o limite inferior da primeira classe:

$$AT = L - \ell_i$$

Onde:
AT = amplitude total
L_i = limite superior da última classe
ℓ_i = limite inferior da primeira classe

1.2.5. Frequência absoluta ou simples (f_i)

Frequência absoluta ou simples, ou ainda, frequência de uma classe ou de um valor individual, é o número de observações correspondentes à classe ou a este valor. A soma das frequências simples nos dá o número total dos elementos da amostra:

$$\sum_{i=1}^{k} f_i = n$$

Onde:
f_i = frequência absoluta
k = número total de classes da distribuição
i = classes
Σ = somatório
n = número total de elementos

1.2.6. Frequência Relativa ou Proporção ($f_i r$)

É o quociente entre a frequência absoluta (f_i) para um determinado valor e o total de elementos "n" presentes na amostra de dados. Pode ser representada como porcentagem, bastando multiplicar a frequência relativa por 100.

194 MATEMÁTICA FINANCEIRA E ESTATÍSTICA

$$f_ir = f_i / n$$

Onde:

f_ir = frequência relativa

1.2.7. Frequência acumulada (f_iac)

É a soma de todas as frequências de todos os valores inferiores ao limite superior do intervalo de uma dada classe.

$$f_iac = f_i + f_2 + f_3 + ... + f_k$$

1.2.8. Frequência acumulada relativa (f_irac)

Frequência acumulada relativa de uma classe é a frequência acumulada da classe, dividida pelo número total de elementos da distribuição.

$$f_irac = f_iac / n$$

1.2.9. Amplitude do intervalo de classe (h_i)

É a diferença entre o limite superior e o limite inferior da classe: para a classe (k), o intervalo (h_i) é dado pela fórmula:

$$h_i = L_i - \ell_i$$

1.2.10. Ponto médio da classe (x_i)

É o ponto que divide a classe em duas partes.

$$x_i = \ell_i + L_i / 2$$

1.2.11. Cálculo do número de classes (k)

Podemos usar a Regra de Sturges para determinar o número de classes de uma distribuição, o que nos dá o número de classes em função do número de valores da variável:

$$k = 1 + 3,3 \times \log n$$

Onde "k" é o número de classes e "n" é o número total de dados. Quando o resultado não for exato, sugere-se sempre arredondá-lo para mais, independentemente do valor decimal encontrado.

1.2.12. Determinação da amplitude do intervalo de classe (h_i)

Uma vez descoberto o número de classes da distribuição, é necessário determinar a amplitude do intervalo de classe (h_i). Obtém-se o valor da amplitude do intervalo de h_i dividindo o valor da amplitude amostral (AA) pelo número de classe (k). Para simplificar os cálculos, é aconselhável arredondá-lo. Temos:

$$h_i = AA / k$$

1.2.13. Tabela de distribuição de frequência

A tabela é uma maneira de se apresentar os dados coletados. Segundo as normas brasileiras, as tabelas possuem quatro elementos:

- título: dá nome a tabela;
- cabeçalho: dá nome às colunas e eventualmente às linhas da tabela;
- corpo: apresenta os dados;
- fonte: indica de onde ou como os dados foram obtidos.

196 MATEMÁTICA FINANCEIRA E ESTATÍSTICA

EXERCÍCIO:

01. Determine: amplitude amostral, número de classe, amplitude do intervalo de classe, ponto médio. Preencha a tabela de distribuição de frequência com as devidas frequências: absoluta, absoluta acumulada, relativa e relativa acumulada, utilizando os dados organizados das estaturas dos alunos do exemplo anterior, como segue:

1,55	1,57	1,58	1,58	1,59	1,60	1,60	1,60
1,61	1,61	1,62	1,62	1,62	1,63	1,63	1,64
1,64	1,65	1,65	1,65	1,66	1,66	1,67	1,68
1,68	1,68	1,68	1,69	1,69	1,70	1,70	1,71
1,71	1,72	1,72	1,73	1,75	1,75	1,77	1,80

Solução:

Primeiro passo: encontrar a amplitude da amostra.

$AA = x_{máx} - x_{min}$
$AA = 1,80 - 1,55 = 0,25$

Segundo passo: encontrar o número de classe.

$k = 1 + 3,3 \times \log n$
$k = 1 + 3,3 \times \log 40$
$k = 1 + 3,3 \times 1,6$
$k = 6,28 \cong 6$

Terceiro passo: encontrar a amplitude do intervalo de classe.

$$h_i = \frac{AA}{k}$$

$$h_i = \frac{0,25}{6}$$

$$h_i \cong 0,04$$

Capítulo 1 – Estatística **197**

Quarto passo: preencher a tabela de distribuição de frequência.

Observação: o nosso número foi 6,28, logo adotamos 7 como o número de classe da tabela. Sempre o arredondaremos para mais, independentemente do valor decimal.

Resposta:

Classes – altura (m)	Ponto médio	Frequência simples	Frequência relativa	Frequência acumulada	Relativa acumulada
1,55 ⊢ 1,59	1,57	4	0,100	4	0,100
1,59 ⊢ 1,63	1,61	9	0,225	13	0,325
1,63 ⊢ 1,67	1,65	9	0,225	22	0,550
1,67 ⊢ 1,71	1,69	9	0,225	31	0,775
1,71 ⊢ 1,75	1,73	5	0,125	36	0,900
1,75 ⊢ 1,79	1,77	3	0,075	39	0,975
1,79 ⊢ 1,83	1,81	1	0,025	40	1,000
total		40	1,000		

Nota:

O símbolo "⊢" é um intervalo fechado à esquerda e aberto à direita. Por exemplo, na classe 1,67 ⊢ 1,71, incluem-se todas as frequências de 1,67 (inclusive) até 1,71 (exclusive).

1.2.14. Histograma

É a representação gráfica da distribuição de frequência: no eixo "x" temos as classes; no eixo "y", as frequências. No eixo x se assinala apenas o ponto médio da classe e se o intervalo de classe tem o mesmo tamanho; para isso, basta usar a mesma base para cada retângulo.

Exemplo:

Utilizaremos os dados das estaturas dos alunos do ensino médio do exercício anterior.

Histograma: distribuição de frequência de altura

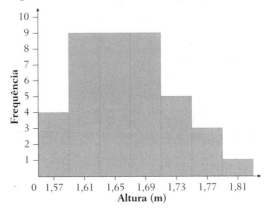

1.2.15. Polígono de frequência

Curva fechada que associa o ponto médio da classe com sua respectiva frequência. Deve-se acrescentar uma classe anterior e uma posterior com frequência zero para que a curva fique fechada.

Exemplo:

Utilizaremos os dados das estaturas dos alunos do ensino médio do exercício anterior.

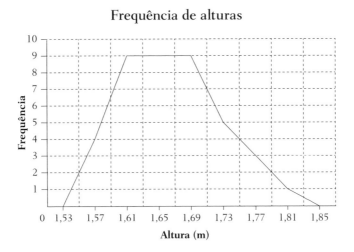

capítulo · 2

Descrição de dados

2.1. MÉDIA ARITMÉTICA

A média de um conjunto de dados é a soma das entradas, dividida pelo número "n" de entradas. Para encontrar a média de um conjunto de dados, use uma das seguintes fórmulas:

$$\text{Média da população: } \mu = \Sigma x \, / \, N$$

$$\text{Média da amostra: } x_m = \Sigma x \, / \, n$$

Onde:
N = número de elementos da população
n = número de elementos da amostra
Σx = somatório de x
x_m = média da amostra
μ = média da população

EXERCÍCIOS:

01. As notas de um estudante, em quatro exames, foram: 8,5; 9,0; 4,0; 6,5. Calcule a média aritmética das notas.

200 MATEMÁTICA FINANCEIRA E ESTATÍSTICA

Solução:

$$x_m = \frac{8,5 + 9,0 + 4,0 + 6,5}{4} = \frac{28,0}{4} = 7,0$$

$$x_m = 7,0$$

Resposta: 7,0 é a média das notas desse estudante.

02. Seis funcionários de uma empresa recebem de salário mensal: R$ 1.500,00; R$ 2.000,00; R$ 1.800,00; R$ 2.200,00; R$ 3.500,00 e R$ 4.000,00. Determine a média aritmética dos salários coletados.

Solução:

$$x_m = \frac{1.500,00 + 2.000,00 + 1.800,00 + 2.200,00 + 3.500,00 + 4.000,00}{6}$$

$$x_m = \frac{15.000,00}{6} = 2.500,00$$

$$x_m = 2.500,00$$

Resposta: R$ 2.500,00 é a média de salários desses funcionários.

03. Os preços de aparelhos de tevê são: R$ 1.000,00; R$ 980,00; R$ 1.200,00; R$ 1.050,00; R$ 1.100,00 e R$ 1.150,00. Determine a média de preço.

Solução:

$$x_m = \frac{1.000,00 + 980,00 + 1.200,00 + 1.050,00 + 1.100,00 + 1.1500,00}{6}$$

$$x_m = \frac{6.480,00}{6}$$

$$x_m = 1.080,00$$

Resposta: R$ 1.080,00 é o preço médio dos aparelhos de tevê.

2.2. MÉDIA PONDERADA

Uma média ponderada é a média de um conjunto de dados cujas entradas têm pesos variáveis. Uma média ponderada é dada por:

Capítulo 2 – Descrição de dados **201**

$$x_m = \Sigma(x \times w) / \Sigma w$$

Onde:

w = peso

x = valores

Σw = somatório dos pesos

Σ(x · w) = somatório do produto (valor × peso)

EXERCÍCIOS:

01. Em um ano letivo, um aluno do ensino médio obteve as seguintes notas em matemática: 8,0; 6,5; 7,5 e 5,5, e os seus respectivos pesos, 2, 3, 2 e 3. Qual foi a média anual desse aluno?

Solução:

$$x_m = \frac{8,0 \times 2 + 6,5 \times 3 + 7,5 \times 2 + 5,5 \times 3}{2 + 3 + 2 + 3}$$

$$x_m = \frac{16 + 19,5 + 15 + 16,5}{2 + 3 + 2 + 3} = \frac{67}{10}$$

$$x_m = 6,7$$

Resposta: 6,7 é a média anual desse aluno.

02. Uma pessoa fez uma viagem e durante o percurso abasteceu o veículo 4 vezes: na 1ª parada abasteceu com 30 litros, a R$ 1,92 o preço do litro; na 2ª parada, com 25 litros, a R$ 2,00 o preço do litro; na 3ª parada, com 35 litros, a R$ 2,06 o preço do litro; na última parada, com 40 litros, a R$ 1,95 o preço do litro. Qual o valor médio do litro de combustível?

202 MATEMÁTICA FINANCEIRA E ESTATÍSTICA

Solução:

$$x_m = \frac{R\$ 1,92 \times 30 + R\$ 2,00 \times 25 + R\$ 2,06 \times 35 + R\$ 1,95 \times 40}{30 + 25 + 35 + 40}$$

$$x_m = \frac{R\$ 57,60 + R\$ 50,00 + R\$ 72,10 + R\$ 78,00}{30 + 25 + 35 + 40} = \frac{R\$ 257,70}{130}$$

$$x_m = R\$ 1,9823$$

Resposta: R\$ 1,9823 é o preço médio do litro de combustível.

2.3. MÉDIA GEOMÉTRICA (x_g)

A média geométrica de um conjunto de números a_1, a_2, a_3, ..., a_n é a raiz "n" do produto desses dados, ou seja, este tipo de média é calculado multiplicando-se todos os valores e extraindo-se a raiz de índice "n" deste produto, conforme segue:

$$x_g = \sqrt[n]{a_1 \times a_2 \times a_3 \ldots a_n}$$

Onde:
x_g = média geométrica
n = índice
a_n = números (dados)

EXERCÍCIO:

01. Admita que se tenham os números 4, 6 e 9, e se deseje obter o valor médio aritmético desse conjunto. Para isso multiplicamos os elementos e chegamos ao produto 216. A partir deste, extraímos a sua raiz cúbica, chegando ao valor médio 6. A raiz extraída é cúbica porque o conjunto é composto de 3 elementos. Se fossem "n" elementos, extrair-se-ia a raiz de índice "n". Neste exemplo, teríamos a seguinte solução:

Capítulo 2 – Descrição de dados **203**

$$x_g = \sqrt[3]{4 \times 6 \times 9}$$
$$x_g = \sqrt[3]{216}$$
$$x_g = 6$$

Resposta: 6 é a média geométrica do conjunto.

2.4. MODA

É o valor que aparece com mais frequência na amostra. Ela é encontrada mediante contagem direta nos dados da amostra. Se nenhum valor é repetido, o conjunto de dados não possui moda. Quando acontece duplicidade de valores com mesma frequência, cada entrada é uma moda, portanto esses dados são chamados de bimodais.

EXEMPLOS:

01. Dado o conjunto: {1, 2, 5, 4, 6, 3, 2}, qual é a sua moda?

Resposta: o número 2 é a moda.

02. Dado o conjunto: {1, 3, 6, 2, 5, 5, 3}, qual é a sua moda?

Resposta: os números 3 e 5, sendo bimodal.

2.5. MEDIANA (md)

Se os elementos da amostra estão ordenados em ordem crescente ou decrescente, a mediana é o elemento que ocupa a posição central e divide o conjunto da amostra em duas partes. Quando o conjunto de dados tem número par, a mediana será a média entre os dois pontos que estiverem no centro do conjunto.

204 MATEMÁTICA FINANCEIRA E ESTATÍSTICA

EXERCÍCIOS:

01. Dado o conjunto: {2, 3, 8, 5, 1, 7, 9, 4}, determine a mediana.

Solução:

Primeiro passo: ordenar os valores: {1, 2, 3 4, 5, 7, 8, 9}.

Segundo passo: encontrar os valores centrais, já que o conjunto é par (4, 5).

Terceiro passo: encontrar o valor mediano.

$$md = \frac{4+5}{2} = \frac{9}{2}$$
$$md = 4,5$$

Resposta: 4,5 é a mediana do conjunto.

02. Dado o conjunto: {2, 3, 8, 5, 7, 9, 4}, determine a mediana.

Solução:

Primeiro passo: ordenar os valores: {2, 3 4, 5, 7, 8, 9}.

Segundo passo: encontrar o valor central; já que o conjunto é ímpar, o valor é 5.

Resposta: 5 é a mediana do conjunto.

03. (CONTADOR – 1º/2011) Os preços em reais (R$) para uma amostra de equipamentos de som estão indicados na tabela abaixo.

Equipamento	1	2	3	4	5	6	7
Preço (R$)	500,00	834,00	470,00	480,00	420,00	440,00	440,00

Com base na amostra, o valor CORRETO da mediana é igual a:
a) R$ 440,00.
b) R$ 470,00.

c) R$ 512,00.

d) R$ 627,00

Solução:

Primeiro passo: ordenar os dados.

Preço (R$): 420,00; 440,00; 440,00; 470,00; 480,00; 500,00; 834,00.

Segundo passo: encontrar o valor central; já que o conjunto é ímpar, o valor é R$ 470,00.

Resposta: letra b.

2.6. MEDIANA (md) PARA DISTRIBUIÇÃO DE FREQUÊNCIA COM INTERVALOS DE CLASSE

Quando não se tem acesso direto aos dados, mas apenas à tabelas de distribuição de frequência, faz-se do seguinte modo:

a) determine a posição central, fazendo $n / 2$ ou $(n + 1) / 2$;

b) calcule a frequência acumulada para a distribuição de frequência;

c) localize a classe para a qual a frequência acumulada ultrapassa a posição central, essa é a classe mediana;

d) n é o número total de elementos da amostra;

e) ℓ_i o limite inferior da classe mediana;

f) $f_i\text{ac(ant)}$ a frequência acumulada da classe anterior da classe mediana;

g) f_i a frequência simples da classe mediana;

h) h_i a amplitude do intervalo da classe mediana.

Use a fórmula:

$$md = \ell_i + \frac{[(n / 2) - f_i\text{ac(ant)}] \times h_i}{f_i}$$

206 MATEMÁTICA FINANCEIRA E ESTATÍSTICA

EXERCÍCIO:

01. Determine a classe mediana e o valor correspondente.

Classes – altura (m)	Ponto médio (x_m)	Frequência (f_i)	Frequência acumulada
1,55 ⊢ 1,59	1,57	4	4
1,59 ⊢ 1,63	1,61	9	13
1,63 ⊢ 1,67	1,65	9	22
1,67 ⊢ 1,71	1,69	9	31
1,71 ⊢ 1,75	1,73	5	36
1,75 ⊢ 1,79	1,77	3	39
1,79 ⊢ 1,83	1,81	1	40
total		40	

Solução:

Para n = 40, temos a posição 20 (central).

Na terceira classe, a frequência acumulada atinge 22, assim:

$\ell_i = 1,63$

$f_i ac(ant) = 13$

$f_i = 9$

$h_i = 0,04$

portanto:

$$md = 1,63 + \frac{[(40/2)-13] \times 0,04}{9}$$

$$md = 1,63 + \frac{0,28}{9}$$

$$md = 1,63 + 0,03$$

$$md = 1,66$$

Resposta: 1,66 m de altura no rol de alunos.

2.7. QUARTIS

Os quartis são números que dividem em partes iguais um conjunto de dados. Os três quartis Q_1, Q_2 e Q_3 dividem aproximadamente um

Capítulo 2 – Descrição de dados **207**

conjunto de dados em quatro partes iguais. O primeiro quartil (Q_1) é maior ou igual a um quarto dos elementos da amostra. O segundo quartil (Q_2) é o valor maior ou igual que dois quartos dos elementos da amostra e é a mediana $(Q_2 = md)$. O terceiro quartil (Q_3) é o valor maior ou igual que três quartos dos elementos da amostra.

EXERCÍCIOS:

Em nosso rol, temos as alturas dos alunos do ensino médio:

1,55	1,57	1,58	1,58	1,59	1,60	1,60	1,60
1,61	1,61	1,62	1,62	1,62	1,63	1,63	1,64
1,64	1,65	1,65	1,65	1,66	1,66	1,67	1,68
1,68	1,68	1,68	1,69	1,69	1,70	1,70	1,71
1,71	1,72	1,72	1,73	1,75	1,75	1,77	1,80

01. Determine o primeiro quartil (Q_1).

Solução:

$Q_k = k \times n / 4$

$Q_1 = n / 4$

$Q_1 = 40 / 4 = 10^{\underline{a}}$ posição

$Q_1 = 1,61$ m

Resposta: 1,61 m a altura no rol de alunos.

02. Determine o segundo quartil (Q_2).

Solução:

$Q_2 = k \times n / 4 \Leftrightarrow (md) = n / 2$, logo:

$Q_2 = 40 / 2 = 20^{\underline{a}}$ posição

$Q_2 = 1,65$ m

Resposta: 1,65 m a altura no rol de alunos.

208 MATEMÁTICA FINANCEIRA E ESTATÍSTICA

03. Determine o terceiro quartil (Q_3).

Solução:

$Q_k = k \times n / 4$

$Q_3 = 3 \times 40 / 4$

$Q_3 = 120 / 4 = 30^a$ posição

$Q_3 = 1,70$ m

Resposta: 1,70 m a altura no rol de alunos.

2.7.1. Cálculo de quartis em distribuição de frequência com intervalo de classe

Segue de forma semelhante ao cálculo da mediana:

$$Q_k = \ell_i + \frac{[(k \times n / 4) - f_i ac(ant)] \times h}{f_i}$$

Onde:

k = número de ordem do quartil

2.7.1.1. Nota

a) calculamos o valor de $(k \times n / 4)$, independentemente de "n" ser par ou ímpar;

b) criamos a coluna da $f_i$ac;

c) fazemos uma comparação entre o valor do $(3 \times n / 4)$, por exemplo, e os valores da $f_i$ac, começando da primeira classe e fazendo a seguinte pergunta: "esta $f_i$ac é maior ou igual a $(3 \times n / 4)$?" Quando o resultado for não, passaremos à $f_i$ac da classe seguinte. Se for sim, procuraremos a classe correspondente. Esta é a classe do terceiro quartil;

d) por fim, aplicamos na fórmula Q_3 extraindo os seus dados desta classe que acabamos de encontrar.

Capítulo 2 – Descrição de dados **209**

EXERCÍCIO:

01. Determine a classe e o valor correspondente ao terceiro quartil (Q_3) do nosso exemplo.

Solução:

Primeiro passo: encontrar a classe correspondente ao Q_3.

$Q_3 = 3 \times 40 / 4$

$Q_3 = 120 / 4 = 30$

Classes – altura (m)	Frequência (f_i)	Frequência acumulada	Comparação entre a $f_i$ac e o Q_3
1,55 ⌐ 1,59	4	4	4 é maior ou igual a 30? Não.
1,59 ⌐ 1,63	9	13	13 é maior ou igual a 30? Não.
1,63 ⌐ 1,67	9	22	22 é maior ou igual a 30? Não.
1,67 ⌐ 1,71	9	31	31 é maior ou igual a 30? Sim.
1,71 ⌐ 1,75	5	36	
1,75 ⌐ 1,79	3	39	
1,79 ⌐ 1,83	1	40	
total	40		

Encontramos a classe correspondente: (1,67 ⌐ 1,71) que será a classe do terceiro quartil.

Segundo passo: encontrar o valor correspondente ao terceiro quartil.

$$Q_3 = 1,67 + \frac{[30 - 22] \times 0,04}{9}$$

$$Q_3 = 1,67 + \frac{0,04}{9}$$

$$Q_3 = 1,67 + 0,04$$

$$Q_3 = 1,71 \text{ m}$$

Resposta: 1,71 m a altura em nosso rol de alunos.

210 MATEMÁTICA FINANCEIRA E ESTATÍSTICA

2.8. OS DECIS

Chamamos de decis os valores de uma série que a dividem em dez partes iguais. Ou seja, o decil dividirá o conjunto em dez partes iguais. Daí, a fração que constará no numerador da fórmula do primeiro decil será justamente (n / 10).

EXERCÍCIO:

01. Determine o primeiro decil no rol das alturas dos alunos.

1,55	1,57	1,58	1,58	1,59	1,60	1,60	1,60
1,61	1,61	1,62	1,62	1,62	1,63	1,63	1,64
1,64	1,65	1,65	1,65	1,66	1,66	1,67	1,68
1,68	1,68	1,68	1,69	1,69	1,70	1,70	1,71
1,71	1,72	1,72	1,73	1,75	1,75	1,77	1,80

Solução:

$(D_k) = n / 10$

$(D_1) = 40 / 10 = 4ª$ posição

$(D_4) = 1,58$ m

Resposta: 1,58 m de altura no rol de alunos.

2.8.1. Cálculo de decis em distribuição de frequência com intervalo de classe

Segue a fórmula análoga ao cálculo do quartil:

$$D_k = \ell_i + \frac{[(k \times n / 10) - f_i ac(ant)] \times h_i}{f_i}$$

Capítulo 2 – Descrição de dados **211**

2.8.1.1. Nota

a) calculamos o valor de (n / 10), independentemente de "n" ser ímpar ou par;

b) criamos a coluna da $f_i$ac;

c) fazemos uma comparação entre o valor de (n / 10) e os valores da $f_i$ac, começando da primeira classe e fazendo a seguinte pergunta: "esta $f_i$ac é maior ou igual a (n / 10)?". Quando o resultado for não, passaremos à $f_i$ac da classe seguinte. Se for sim, procuraremos a classe correspondente. Esta é a classe do terceiro quartil.

EXERCÍCIOS:

01. Encontre a classe do primeiro decil e o seu valor correspondente em nosso exemplo.

Solução:

Primeiro passo: encontrar a classe correspondente (D_1).

$D_1 = 40 / 10 = 4$

Classes – altura (m)	Frequência (f_i)	Frequência acumulada	Comparação entre a $f_i$ac e o D_1
1,55 ⌐ 1,59	4	4	4 é maior ou igual a 4? Sim.
1,59 ⌐ 1,63	9	13	
1,63 ⌐ 1,67	9	22	
1,67 ⌐ 1,71	9	31	
1,71 ⌐ 1,75	5	36	
1,75 ⌐ 1,79	3	39	
1,79 ⌐ 1,83	1	40	
total	40		

212 MATEMÁTICA FINANCEIRA E ESTATÍSTICA

Achamos a classe correspondente: (1,55 ⌐ 1,59), que será a classe do primeiro decil.

Segundo passo: aplicar na fórmula do primeiro decil e encontrar o seu valor.

$$D_1 = 1,55 + \frac{[4 - 0] \times 0,04}{4}$$

$$D_1 = 1,59 \text{ m}$$

Resposta: 1,59 m de altura no rol de alunos.

02. Encontre a classe correspondente ao sétimo decil e o seu valor.

Primeiro passo: encontrar a classe correspondente ao sétimo decil (D_7).

$$D_k = k \times n / 10$$
$$D_7 = 7 \times 40 / 10 = 28$$

Classes – altura (m)	Frequência (f_i)	Frequência acumulada	Comparação entre a $f_i$ac e o D_7
1,55 ⌐ 1,59	4	4	4 é maior ou igual a 28? Não.
1,59 ⌐ 1,63	9	13	13 é maior ou igual a 28? Não.
1,63 ⌐ 1,67	9	22	22 é maior ou igual a 28? Não.
1,67 ⌐ 1,71	9	31	31 é maior ou igual a 28? Sim.
1,71 ⌐ 1,75	5	36	
1,75 ⌐ 1,79	3	39	
1,79 ⌐ 1,83	1	40	
total	40		

Achamos a classe correspondente: (1,67 ⌐ 1,71), que será a classe do sétimo decil.

Capítulo 2 – Descrição de dados 213

Segundo passo: encontrar o valor correspondente ao sétimo decil.

$$D_7 = 1,67 + \frac{[28 - 22] \times 0,04}{9}$$

$$D_7 = 1,67 + \frac{0,24}{9}$$

$$D_7 = 1,67 + 0,03$$

$$D_7 = 1,70 \text{ m}$$

Resposta: 1,70 m de altura no rol de alunos.

2.9. PERCENTIS EM DISTRIBUIÇÃO DE FREQUÊNCIA COM INTERVALO DE CLASSE

Outra divisão comum da amostra é a de cem partes iguais, chamadas de centis ou percentis. Chamamos de percentis os noventa e nove valores que separam uma série em 100 partes iguais. De maneira análoga ao cálculo do decil, segue a fórmula:

$$P_k = \ell_i + \frac{[(k \times n / 100) - f_i\text{ac(ant)}] \times h_i}{f_i}$$

Onde:

k = número do percentil

EXERCÍCIO:

01. Encontre a classe do quinquagésimo percentil e o seu valor correspondente.

Solução:

Segue de forma semelhante aos processos anteriores.

Primeiro passo: encontrar a classe correspondente ao quinquagésimo percentil.

$$P_k = k \times n / 100$$

$$P_{50} = 50 \times 40 / 100 = 20$$

214 MATEMÁTICA FINANCEIRA E ESTATÍSTICA

Classes – altura (m)	Frequência (f_j)	Frequência acumulada	Comparação entre a $f_j$ac e o P_{50}
1,55 ⊢ 1,59	4	4	4 é maior ou igual a 20? Não.
1,59 ⊢ 1,63	9	13	13 é maior ou igual a 20? Não.
1,63 ⊢ 1,67	9	22	22 é maior ou igual a 20? Sim.
1,67 ⊢ 1,71	9	31	
1,71 ⊢ 1,75	5	36	
1,75 ⊢ 1,79	3	39	
1,79 ⊢ 1,83	1	40	
total	40		

A classe correspondente é: (1,63 ⊢ 1,67) que será a classe do quinquagésimo percentil.

Segundo passo: encontrar o valor correspondente ao quinquagésimo percentil.

$$P_{50} = 1,63 + \frac{[20 - 13] \times 0,04}{9}$$

$$P_{50} = 1,63 + \frac{0,28}{9}$$

$$P_{50} = 1,63 + 0,03$$

$$P_{50} = 1,66 \text{ m}$$

Resposta: 1,66 m de altura no rol de alunos.

2.10. DESVIO MÉDIO

Se fizermos o somatório dos módulos dos desvios em relação à média, o resultado não será zero. Com isso, é possível construir um medida de dispersão da população ou amostra, que é o desvio médio:

$$dm = \frac{\sum_{i=1}^{n} |x_i - x_m|}{n}$$

Capítulo 2 – Descrição de dados **215**

Onde:

x_m = média

x_i = i-enésimo

n = número de elementos

2.11. VARIÂNCIA

Se fizermos o somatório dos quadrados dos desvios em relação à média, o resultado não será zero. Se estivermos avaliando comprimento, dado por m, a variância estará em m^2.

A variância para população e amostra é dada por:

$$v = \frac{\sum_{i=1}^{n}(x_i - \mu)^2}{n} \text{ para população}$$

$$v = \frac{\sum_{i=1}^{n}(x_i - x_m)^2}{n-1} \text{ para amostra}$$

Onde:

v = variância

2.12. DESVIO-PADRÃO

A variância sempre se refere ao quadrado da variável que está em estudo. Portanto, o desvio padrão é a raiz quadrada da variância. É dado por:

$\sigma = \sqrt{v}$ para população

$s = \sqrt{v}$ para amostra

2.13. COEFICIENTE DE VARIAÇÃO

O coeficiente de variação de Pearson, ou simplesmente coeficiente de variação, é o quociente entre o desvio-padrão e a média, ou seja, é

216 MATEMÁTICA FINANCEIRA E ESTATÍSTICA

uma medida relativa da variabilidade, comparando o desvio-padrão com a média. É dado por:

$$CV = \frac{s}{x_m} \times 100$$

EXERCÍCIOS:

01. Dado o conjunto: {84, 64, 62, 56, 58, 62, 66, 72, 75, 81, 83, 69}, calcule o desvio médio, a variância, o desvio-padrão e o coeficiente de variação.

Solução:

Primeiro passo: ordenar os valores.

Rol: {56, 58, 62, 62, 64, 66, 69, 72, 75, 81, 83, 84}

Segundo passo: encontrar a média.

$$x_m = \frac{56+58+62+62+64+66+69+72+75+81+83+84}{12}$$

$$x_m = \frac{832}{12} = 69,3333$$

Terceiro passo: calcular o desvio médio.

$$dm = \frac{(56-69,33)+(58-69,33)+(62-69,33)+(62-69,33)+}{12-1} \Rightarrow$$

$$\Rightarrow \frac{+(64-69,33)+(66-69,33)+(69-69,33)+(72-69,33)+}{12-1} \Rightarrow$$

$$\Rightarrow \frac{+(75-69,33)+(81-69,33)+(83-69,33)+(84-69,33)}{12-1}$$

$$dm = \frac{(-13,33)+(-11,33)+(-7,33)+(-7,33)+(-5,33)+}{11} \Rightarrow$$

$$\Rightarrow \frac{+(-3,33)+(-0,33)+(2,67)+(5,67)+(11,67)+(13,67)+(14,67)}{11}$$

Capítulo 2 – Descrição de dados **217**

Nesse instante, transformaremos os valores em módulo:

$$dm = \frac{|13,33|+|11,33|+|7,33|+|7,33|+|5,33|+|3,33|+}{11} \Rightarrow$$

$$\Rightarrow \frac{+|0,33|+|2,67|+|5,67|+|11,67|+|13,67|+|14,67|}{11}$$

$$dm = \frac{82,99}{11}$$

$$dm \approx 7,54$$

Quarto passo: encontrar a variância.

$$v = \frac{(56-69,33)^2 + (58-69,33)^2 + (62-69,33)^2 + (62-69,33)^2 +}{12-1} \Rightarrow$$

$$\Rightarrow \frac{+(64-69,33)^2 + (66-69,33)^2 + (69-69,33)^2 + (72-69,33)^2 +}{12-1} \Rightarrow$$

$$\Rightarrow \frac{+(75-69,33)^2 + (81-69,33)^2 + (83-69,33)^2 + (84-69,33)^2}{12-1}$$

$$v = \frac{177,69+128,37+53,73+53,73+28,41+11,09+0,11+7,13+}{11} \Rightarrow$$

$$\Rightarrow \frac{+32,15+136,19+186,87+215,21}{11}$$

$$v = \frac{1.030,67}{11} = 93,6972$$

$$v \approx 93,70$$

Quarto passo: encontrar o desvio-padrão.

$$s = \sqrt{93,70}$$

$$s \approx 9,6797$$

Quinto passo: calcular o coeficiente de variação.

$$CV = \frac{s}{x_m} \times 100$$

$$CV = \frac{9,6797}{69,3333} = 0,13961 \times 100$$

$$CV \approx 13,96\%$$

218 MATEMÁTICA FINANCEIRA E ESTATÍSTICA

Respostas:

$x_m = 69,3333$

$dm \approx 7,54$

$v \approx 93,70$

$s \approx 9,6797$

$CV \approx 13,96\%$

02. Determine a média, a variância, o desvio-padrão e o coeficiente de variação da tabela de distribuição de frequência. Utilize a tabela dos alunos do ensino médio como base de dados.

Solução:

Classes – altura (m)	Ponto médio (x_j)	Frequência (f_j)	$x_j \times f_j$	$(x_j - 1,67)^2 \times f_j$
1,55 ⌐ 1,59	1,57	4	6,28	0,040
1,59 ⌐ 1,63	1,61	9	14,49	0,0324
1,63 ⌐ 1,67	1,65	9	14,85	0,0036
1,67 ⌐ 1,71	1,69	9	15,21	0,0036
1,71 ⌐ 1,75	1,73	5	8,65	0,018
1,75 ⌐ 1,79	1,77	3	5,31	0,030
1,79 ⌐ 1,83	1,81	1	1,81	0,0196
total		40	66,60	0,1472

Onde:

x_m = média

x_j = ponto médio da classe

j = índice da classe

f_j = frequência da classe

Média ponderada:

$$x_m = \frac{\sum(x_j \times f_j)}{n}$$

$$x_m = \frac{66,60}{40} \approx 1,67 \text{ m}$$

Variância:

$$v = \frac{\sum\limits_{j=1}^{k}(x_j - x_m)^2 \times f_j}{n-1}$$, variância em distribuição de frequência com intervalo de classe.

$$v = \frac{0,1472}{39}$$

$$v \approx 0,0038 \text{ m}^2$$

Desvio-padrão:

$$s = \sqrt{v} = \sqrt{0,0038}$$

$$s \approx 0,0616 \text{ m}$$

Coeficiente de variação:

$$CV = \frac{s}{x_m} \times 100$$

$$CV = \frac{0,0616}{1,67} \times 100$$

$$CV = 0,0369 \times 100$$

$$CV \approx 3,69\%$$

Respostas:

$x_m \approx 1,67$ m

$v \approx 0,0038$ m²

$s \approx 0,0616$ m

$CV \approx 3,69\%$

03. (CONTADOR – 1º/2011) A quantidade diária de unidades vendidas do produto X em uma determinada indústria segue uma distribuição normal, com média de 1.000 unidades e desvio-padrão de 200 unidades. O gráfico abaixo representa a distribuição normal padrão com média igual a 0 (zero) e desvio-padrão igual a 1 (um), cujas percentagens representam as probabilidades entre os valores de desvio-padrão.

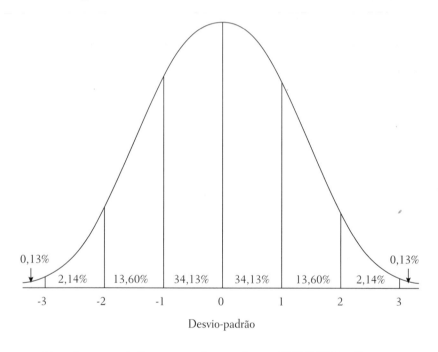

Desvio-padrão

Com base nas informações fornecidas, é CORRETO afirmar que:
a) a probabilidade de a quantidade vendida ficar abaixo de 800 unidades é de 34,13%.
b) a probabilidade de a quantidade vendida ficar acima de 1.200 unidades é de 13,6%.
c) a probabilidade de a quantidade vendida ficar entre 800 e 1.200 unidades é de 68,26%.
d) a probabilidade de a quantidade vendida ficar entre 800 e 1.200 unidades é de 31,74%.

Capítulo 2 – Descrição de dados **221**

Solução:

x_m (média) = 1.000 unidades = 0 (zero)
s (desvio-padrão) = 200 unidades = ± 1 (um)
0 a + 1 = 34,13%
0 a − 1 = 34,13%
P = 34,13% + 34,13% = 68,26%

Resposta: letra c.

c a p í t u l o · 3

Probabilidades

É conveniente estabelecermos uma medida que explique a incerteza presente em afirmações tais como: "É possível que chova amanhã", ou "Não há chance de vitória", em termos de uma escala numérica que varie do impossível ao certo. Essa medida é a probabilidade.

3.1. EVENTOS INDEPENDENTES

Dois eventos são independentes quando a realização (ou a não realização) de um evento não afeta a probabilidade da realização de outro e vice-versa. Por exemplo, a probabilidade de ser recifense independe da probabilidade de um brasileiro gostar de praia.

A probabilidade de eventos independentes acontecerem simultaneamente, isto é:

P_1 = probabilidade de um brasileiro ser recifense;
P_2 = probabilidade de um brasileiro gostar de praia;
P = probabilidade de encontrar um brasileiro recifense e que goste de praia, então:

$$P = P_1 \times P_2$$

Evento A = brasileiros que gostam de praia
Evento B = brasileiros recifenses
$P (A \cap B) = P(A) \times P(B)$

224 MATEMÁTICA FINANCEIRA E ESTATÍSTICA

EXERCÍCIOS:

01. De um baralho são retiradas, ao acaso, duas cartas sem reposição. Qual a probabilidade de a primeira carta ser o rei de copas e a segunda ser o valete de paus?

Solução:

P_1 = {sair rei de copas}

P_2 = {sair valete de paus}

Esses acontecimentos são simultâneos e independentes:

$P_{TOTAL} = P_1 \times P_2$

$P_{TOTAL} = (1 / 52) \times (1 / 51)$

$P_{TOTAL} = 1 / 2.652$

$P_{TOTAL} = 0,0004 \times 100$

Resposta: 0,04%

Perceba que, quando se retira a primeira carta do baralho, restam apenas 51, já que a anterior não foi recolocada.

02. Uma urna A contém: 5 bolas vermelhas, 3 brancas e 4 amarelas; uma urna B contém: 4 bolas vermelhas, 3 brancas e 3 amarelas; uma urna C contém: 3 bolas vermelhas, 2 brancas e 4 amarelas. Uma bola é retirada de cada urna. Qual a probabilidade de a três bolas retiradas da primeira, segunda e terceira urnas serem, respectivamente, vermelha, branca e amarela?

Solução:

$P_{TOTAL} = P_1 \times P_2 \times P_3$

P_1 = {sair bola vermelha na primeira urna}

P_2 = {sair bola branca na segunda urna}

P_3 = {sair bola amarela na terceira urna}

Como esses eventos são simultâneos e independentes (onde uma urna não altera o resultado da outra), tem-se:

$P_{TOTAL} = P_1 \times P_2 \times P_3$

$P_{TOTAL} = (5 / 12) \times (3 / 10) \times (4 / 9)$

Capítulo 3 – Probabilidades **225**

$P_{TOTAL} = 60 / 1.080$
$P_{TOTAL} = 0,0556$

Resposta: 5,56%

3.2. EVENTOS DEPENDENTES

Dois eventos são dependentes quando um interfere na ocorrência do outro, ou seja, quando um altera a probabilidade de o outro ocorrer. Por exemplo, retirar duas cartas de um baralho, sem reposição da primeira.

EXERCÍCIO:

01. Presuma que duas cartas foram escolhidas de um baralho comum, sem reposição da primeira. Descubra a probabilidade de se escolher um valete e então r uma dama.

Solução:

$P_1 = \{\text{retirar um valete}\}$
$P_2 = \{\text{retirar uma dama}\}$
Uma vez que não há reposição da primeira carta, os eventos são dependentes.
$P_{TOTAL} = P_1 \times P_2$
$P_{TOTAL} = 4 / 52 \times 4 / 51$
$P_{TOTAL} = 16 / 2.652$
$P_{TOTAL} = 0,006$

Resposta: 0,6%

3.3. EVENTOS MUTUAMENTE EXCLUSIVOS

Dois eventos são mutuamente exclusivos quando a realização de um exclui a realização do outro e vice-versa. Por exemplo: se um brasileiro é pernambucano, ele não pode ser paulista.

226 MATEMÁTICA FINANCEIRA E ESTATÍSTICA

Probabilidade de eventos mutuamente exclusivos, ou seja:

P_1 = probabilidade de um brasileiro ser pernambucano;

P_2 = probabilidade de um brasileiro ser paulista;

P = probabilidade de um brasileiro ser pernambucano ou paulista (mutuamente exclusivo), então:

$$P = P_1 + P_2$$

Em notação de conjuntos:

P(Per ∪ Pau) = P(Per) + P(Pau) [mutuamente exclusivos]

EXERCÍCIOS:

01. Qual a probabilidade de sair um rei ou uma dama ou um valete quando retiramos uma carta de um baralho?

Solução:

P_1 = {sair rei} = 4 / 52 = 1 / 13

P_2 = {sair dama} = 4 / 52 = 1 / 13

P_3 = {sair valete} = 4 / 52 = 1 / 13

$P_{TOTAL} = P_1 + P_2 + P_3$

P_{TOTAL} = 1 / 13 + 1 / 13 + 1 / 13

P_{TOTAL} = 3 / 13

P_{TOTAL} = 0,2308

Resposta: 23,08%

Esse problema pode ser resolvido de outra maneira:

Como existem em um baralho 4 reis, 4 damas e 4 valetes, totalizando 12 figuras, então:

P_{TOTAL} = 12 / 52 = 3 / 13

$P_{TOTAL} \doteq$ 0,2308

Resposta: 23,08%

Capítulo 3 – Probabilidades **227**

3.4. PROBABILIDADE CONDICIONAL

É a probabilidade de ocorrer um evento, dado que outro evento já ocorreu. Sejam dois eventos dependentes, A e B, chamaremos de P(B / A) a probabilidade de B acontecer, se A já tiver acontecido. Como A ocorreu, ele passa a ser o novo espaço amostral de B, ou seja: $P(B / A) = P(A \cap B) / P(A)$

EXERCÍCIO:

01. Duas cartas são selecionadas sequencialmente em um baralho comum. Assuma a probabilidade de a segunda carta ser uma dama, já que a primeira foi rei. (Admita que não haja reposição da carta rei).

Solução:

Uma vez que a primeira carta foi um rei e não houve reposição, restaram 51 cartas no baralho, sendo quatro delas rainha; logo:
$$P(B / A) = 4 / 51 \approx 0,0784$$
Resposta: 7,84%

3.5. VALOR ESPERADO

O valor esperado de uma variável aleatória é a soma das probabilidades de cada possibilidade de saída da experiência multiplicada pelo seu valor. Note-se que o valor em si pode não ser esperado no sentido geral; sendo improvável ou impossível. Se todos os eventos tiverem igual probabilidade, o valor esperado é a média aritmética.

O valor esperado, também chamado de esperança matemática, de uma variável aleatória discreta é igual à média da variável aleatória. Isto é, representa o valor médio esperado de uma experiência se ela for repetida muitas vezes.
$$\text{Valor esperado} = E(x) = \mu = \Sigma x \times P(x).$$

228 MATEMÁTICA FINANCEIRA E ESTATÍSTICA

EXERCÍCIO:

Em uma rifa, 1.000 bilhetes são vendidos a R$ 1,50 para quatro prêmios de R$ 300,00; R$ 200,00; R$ 100,00 e R$ 50,00. Se você comprar um bilhete, qual o valor esperado do seu ganho?

Solução:

Para obter o ganho para cada prêmio, subtraia o preço do bilhete do prêmio. Por exemplo, seu ganho para o prêmio de R$ 300,00 é:
R$ 300,00 − R$ 1,50 = R$ 298,50

E seu ganho para o prêmio de R$ 200 é:
R$ 200,00 − R$ 1,50 = R$ 198,50

Demonstre uma distribuição de probabilidade dos ganhos possíveis.

Ganhos (x)	R$ 298,50	R$ 198,50	R$ 98,50	R$ 48,50	− R$ 1,50
Probabilidade P(x)	1 / 1.000	1 / 1.000	1 / 1.000	1 / 1.000	996 / 1.000

Assim, fazendo a aplicação da distribuição de probabilidade, pode-se conseguir o valor esperado.

$E(x) = \Sigma x \times P(x)$

$E(x) = $ R$ 298,50 $\times$ 1 / 1.000 + R$ 198,50 $\times$ 1 / 1.000 +
+ R$ 98,50 $\times$ 1 / 1.000 + R$ 48,50 $\times$ 1 / 1.000 + (−R$ 1,50) $\times$
$\times$ R$ 996,00 / 1.000

$E(x) = $ R$ 0,644 − R$ 1,494

$E(x) = −$ R$ 0,85

Resposta: − R$ 0,85

O valor esperado é negativo, logo a espera de uma perda é de R$ 0,85 para cada bilhete comprado.

3.6. DISTRIBUIÇÃO DISCRETA DE PROBABILIDADE

A distribuição discreta de probabilidade descreve quantidades aleatórias (dados de interesse) que podem assumir valores particulares e

Capítulo 3 – Probabilidades **229**

finitos. Enumere cada valor que a variável aleatória pode assumir, ao lado de sua probabilidade, devendo satisfazer às seguintes condições:

1. A probabilidade de cada valor da variável discreta estar entre 0 e 1, inclusive:

$$0 \leq P(x) \leq 1$$

2. A soma de todas as probabilidades ser 1:

$$\Sigma P(x) = 1$$

EXERCÍCIO:

01. Consideremos a distribuição de frequências relativas ao número de acidentes diários em uma rua:

Número de acidentes	Frequências
0	18
1	6
2	4
3	2
Total	$\Sigma = 30$

De acordo com os dados, em um dia qualquer, calcule a probabilidade de:

a) não ocorrer acidente ;
b) de ocorrer um acidente;
c) de ocorrerem dois acidentes;
d) de ocorrerem três acidentes.

Solução:

a) Não ocorrer acidente é: $P = 18 / 30 = 0,6$
b) Ocorrer um acidente é: $P = 6 / 30 = 0,2$
c) Ocorrerem dois acidentes é: $P = 4 / 30 = 0,13$
d) Ocorrerem três acidentes é: $P = 2 / 30 = 0,07$

Logo, podemos inserir os valores na tabela de distribuição de probabilidade:

Número de acidentes	Probabilidades (x)
0	0,60
1	0,20
2	0,13
3	0,07
Total	$\Sigma = 1$

3.7. DISTRIBUIÇÃO CONTÍNUA DE PROBABILIDADE

A distribuição contínua representa a quantidade de variáveis aleatórias contínuas que podem assumir um número infinito de valores. Ou seja, será contínua se houver um número incontável de respostas possíveis, simbolizada por um intervalo sobre o eixo real. Por exemplo: a temperatura, a pressão, a precipitação ou qualquer elemento medido em uma escala contínua é uma variável aleatória contínua.

3.8. DISTRIBUIÇÃO BINOMIAL

É um caso particular de distribuição de probabilidade que atende às seguintes condições:

a) O experimento é repetido por um número fixo de tentativas, ou seja, nas mesmas condições, sendo uma independente de outras;

b) O resultado de um experimento não afeta os resultados seguintes, isto é, os experimentos devem ser independentes;

c) Em cada experimento deve aparecer um dos dois possíveis resultados, sucesso ou fracasso.

No decorrer do experimento, a probabilidade "p" do sucesso e a probabilidade "q" (q = 1 − p) do fracasso mantêm-se constantes.

Ao realizarmos a mesma prova "n" vezes sucessivas e independentes, a probabilidade de que um evento se realize "k" vezes é dada pela função:

Capítulo 3 – Probabilidades **231**

$$P(X) = P(X = k) = \binom{n}{k} p^k \times q^{n-k}$$

Onde:

n = número de provas

k = número de vezes em que acontece o evento esperado

$P(X = k)$ = probabilidade de o evento acontecer em "n" provas

'p' = probabilidade de o evento acontecer em uma prova

'q' = probabilidade de o evento não acontecer em uma prova

$$\binom{n}{k} = \frac{n!}{k!(n-k)!} = \text{coeficiente binomial de "n" sobre "k"}$$

EXERCÍCIO:

01. Se um dado de 6 faces é jogado 3 vezes, qual a probabilidade de sair exatamente o número 6?

Solução:

n = 3

k = 1

p = 1 / 6

q = 5 / 6

$$P(1) = \frac{3!}{1!(3-1)!} \times \left(\frac{1}{6}\right)^1 \times \left(\frac{5}{6}\right)^2$$

$$P(1) = 3 \times \left(\frac{1}{6}\right) \times \left(\frac{25}{36}\right)$$

$$P(1) = \left(\frac{75}{216}\right)$$

$$P(1) = 0,3472$$

Resposta: 34,72%.

232 MATEMÁTICA FINANCEIRA E ESTATÍSTICA

3.9. ANÁLISE COMBINATÓRIA

Chama-se combinação um conjunto de procedimentos que possibilitam a construção de grupos diferentes, formados por um número finito de elementos de um conjunto sob certas circunstâncias. Não importa a ordem para denotar o número de agrupamentos distintos possíveis.

Para os números naturais "n" e "k", com $n \geq k$, obtém-se a fórmula:

$$C_{n, k} = \frac{n!}{k!(n-k)!}$$

EXERCÍCIOS:

01. Dentre 5 casais, devem ser escolhidos 3 homens e 2 mulheres, de modo que não sejam casados, para formar um comitê. De quantos modos diferentes podem ser escolhidos?

Solução:

$n = 5$

$k = 2$

$C_{n, k} = ?$

$$C_{n, k} = \frac{n!}{k!(n-k)!}$$

$$C_{5, 2} = \frac{5!}{2!(5-2)!}$$

$$C_{5, 2} = \frac{5 \cdot 4 \cdot 3!}{2!3!}$$

$$C_{5, 2} = \frac{20}{2}$$

$$C_{5, 2} = 10$$

Resposta: de 10 modos diferentes pode-se montar o comitê.

02. Uma comissão de 5 homens e 4 mulheres deve ser escolhida dentre 7 homens e 6 mulheres. De quantas maneiras distintas

Capítulo 3 – Probabilidades **233**

a comissão poderá ser escolhida, sabendo-se que seus membros terão as mesmas funções?

Solução:

De 7 homens, devemos escolher 5; de 6 mulheres, 4. Pelo princípio fundamental e contagem, podemos fazer assim: $C_{7,5} \times C_{6,4}$ modos diferentes, ou seja:

$$C_{n,k} \times C_{n,k} = \frac{n!}{k!(n-k)!} \times \frac{n!}{k!(n-k)!}$$

$$C_{7,5} \times C_{6,4} = \frac{7!}{5!(7-5)!} \times \frac{6!}{4!(6-4)!}$$

$$C_{7,5} \times C_{6,4} = \frac{7 \times 6 \times 5!}{5!2!} \times \frac{6 \times 5 \times 4!}{4!2!}$$

$$C_{7,5} \times C_{6,4} = \frac{42}{2} \times \frac{30}{2}$$

$$C_{7,5} \times C_{6,4} = \frac{1.260}{4}$$

$$C_{7,5} \times C_{6,4} = 315$$

Resposta: 315 maneiras diferentes de se escolher a comissão.

3.10. VARIÁVEIS ALEATÓRIAS

Atribui-se um valor numérico a cada ponto de um espaço amostral S; assim, podemos definir uma função chamada variável aleatória, indicada por uma letra maiúscula, cujos valores são indicados por letra minúscula. Variável aleatória diz respeito à característica do experimento que queremos estudar.

Exemplo:

Em um lançamento de uma moeda, temos S = {cara, coroa}; se X representa a face da moeda que obtivemos, podemos associar um número para X, de acordo com a tabela:

234 MATEMÁTICA FINANCEIRA E ESTATÍSTICA

Ponto amostral	X
Cara (C)	1
Coroa (K)	0

Assim, a variável aleatória X pode assumir os valores 1 e 0.

EXERCÍCIOS:

01. Duas bolas são retiradas sucessivamente, sem reposição, de uma caixa que contém 4 bolas vermelhas e 3 pretas. Seja X a variável aleatória "número de bolas vermelhas retiradas no experimento", quais os valores assumidos por X ?

Solução:

S = {vv, vp, pv, pp}
Então:
x = {2, 1, 1, 0}
ou seja,

Resposta: x = 0, 1, 2.

Notação
X = x
Onde:
X → variável aleatória
x → valores assumidos pela variável aleatória

02. Calcule a média, a variância e o desvio-padrão da variável aleatória X, dada por:

x	− 1	0	1	4
P(X = x)	2 / 5	1 / 5	1 / 5	1 / 5

Solução:

Cálculo da média

$$\mu = \Sigma x \times P(x)$$

Cada valor de x deve ser multiplicado por sua probabilidade correspondente e os produtos devem ser somados.

$$\mu = (-1) \times (2/5) + 0 \times (1/5) + 1 \times (1/5) + 4 \times (1/5)$$
$$\mu = -0,4 + 0,2 + 0,8$$
$$\mu = 0,6$$

Cálculo da variância:

$$\sigma^2 = \Sigma[x \times P(x)] - (\mu)^2$$
$$\sigma^2 = (-1)^2 \times (2/5) + (0)^2 \times (1/5) + (1)^2 \times (1/5) + (4)^2 \times (1/5) - (0,6)^2$$
$$\sigma^2 = 0,4 + 0,2 + 3,2 - 0,36$$
$$\sigma^2 = 3,8 - 0,36$$
$$\sigma^2 = 3,44$$

Outra forma de calcular a variância:

$$\sigma^2 = \Sigma(x - \mu)^2 \times P(x)$$
$$\sigma^2 = [(-1 - 0,6)^2 \times 2/5] + [(0 - 0,6)^2 \times 1/5] +$$
$$+ [(1 - 0,6)^2 \times 1/5] + [(4 - 0,6)^2 \times 1/5]$$
$$\sigma^2 = 1,024 + 0,072 + 0,032 + 2,312$$
$$\sigma^2 = 3,44$$

Cálculo do desvio-padrão:

$$\sigma = \sqrt{\sigma^2}$$
$$\sigma = \sqrt{3,44}$$
$$\sigma \approx 1,8547$$

Respostas:

$$\mu = 0,6$$
$$\sigma^2 = 3,44$$
$$\sigma \approx 1,8547$$

capítulo · 4

Regressão e correlação

4.1. TEORIA DA CORRELAÇÃO

Uma correlação é uma relação entre duas variáveis. Os dados podem ser representados por pares ordenados (x, y), onde x é a variável independente ou variável explanatória e y é a variável dependente ou resposta. Por exemplo: em um grupo de pessoas, as mais pesadas são também as mais altas. Esse tipo de característica é denominado correlação.

4.2. CORRELAÇÃO LINEAR E NÃO LINEAR

Os pontos se aproximam de uma reta (ascendente ou descendente). Quando se aproximam de uma reta, dizemos que a correlação é linear; caso contrário, é não linear.

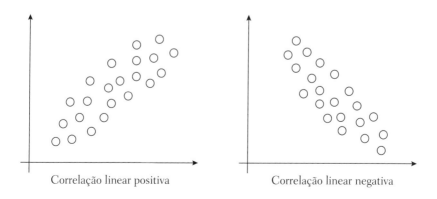

Correlação linear positiva   Correlação linear negativa

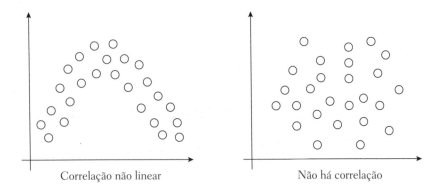

Correlação não linear   Não há correlação

4.3. COEFICIENTE DE CORRELAÇÃO

É um mecanismo empregado para a medida de correlação linear (coeficiente de correlação). Ele mede o grau de intensidade da correlação entre duas variáveis, além da direção dessa correlação.

$$r = \frac{n \times \sum (x_i \times y_i) - (\sum x_i) \times (\sum y_i)}{\sqrt{[n \times \sum x_i^2 - (\sum x_i)^2] \times [n \times \sum y_i^2 - (\sum y_i)^2]}}$$

Onde:
r = representa o coeficiente de correlação
n = tamanho da amostra
x_i = valor de x para o indivíduo i
y_i = valor de y para o indivíduo i
O coeficiente de correlação populacional é representado por ρ (pronuncia-se rô).

EXERCÍCIO:

01. Considere uma amostra aleatória de 10 dos 40 alunos de uma turma de uma faculdade e suas respectivas notas em matemática e estatística. Calcule o coeficiente de correlação relativo à tabela de notas.

Capítulo 4 – Regressão e correlação   239

Nº	Matemática (x_i)	Estatística (y_i)	$x_i \times y_i$	x_i^2	y_i^2
02	6,0	5,0	30	36	25
05	9,0	10,0	90	81	100
08	7,0	8,0	56	49	64
11	9,0	8,0	72	81	64
15	10,0	10,0	100	100	100
19	4,0	3,0	12	16	9
26	2,0	3,0	6	4	9
28	9,0	9,0	81	81	81
31	6,0	5,0	30	36	25
37	5,0	6,0	30	25	36
Σ	$\Sigma = 67$	$\Sigma = 67$	$\Sigma = 507$	$\Sigma = 509$	513

Solução:

$$r = \frac{n \times \Sigma(x_i \times y_i) - (\Sigma x_i) \times (\Sigma y_i)}{\sqrt{[n \times \Sigma x_i^2 - (\Sigma x_i)^2] \times [n \times \Sigma y_i^2 - (\Sigma y_i)^2]}}$$

$$r = \frac{10 \times (507) - (67) \times (67)}{\sqrt{[10 \times (509) - (67)^2] \times [10 \times (513) - (67)^2]}}$$

$$r = \frac{5.070 - 4.489}{\sqrt{[5.090 - 4.489] \times [5.130 - 4.489]}}$$

$$r = \frac{581}{\sqrt{[601] \times [641]}}$$

$$r = \frac{581}{\sqrt{385.241}}$$

$$r = \frac{581}{620,68}$$

$$r \approx 0,94$$

Resposta: $\approx 0,94$

O que indica uma correlação linear positiva forte entre as variáveis, estando "r" próximo de 1, ou seja, quem estuda mais matemática sabe mais estatística.

4.4. REGRESSÃO LINEAR

É a análise da relação entre uma variável e alguma outra variável, assumindo uma relação linear. Uma reta de regressão, também conhecida por reta do ajuste ótimo, é aquela em que a soma dos quadrados dos resíduos é um mínimo. A variável sobre a qual desejamos fazer uma estimativa recebe o nome de variável dependente e a outra recebe o nome de variável independente. Cada ponto "d" é a diferença entre o valor analisado "y" e o valor prenunciado de "y" sobre a reta. Denominadas de resíduos, essas diferenças podem assumir valores positivos, negativos ou zero, dentre os quais, temos:

d > 0 = positivos
d < 0 = negativos
d = 0 = zero

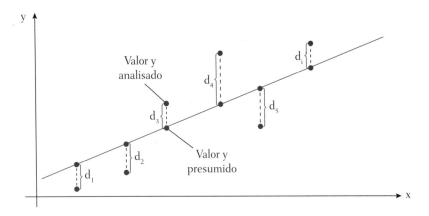

4.4.1. Nota

Para um dado valor x, d = valor y analisado − valor y presumido.

Desse modo, presumindo "x" a variável independente e "y" a dependente, vamos tentar determinar o ajustamento de uma reta quanto à relação entre essas variáveis, isto é, obtendo uma função definida por: y = a × x + b, onde "a" e "b" são parâmetros.

Sejam duas variáveis "x" e "y", sendo que entre as quais existe uma correção acentuada, embora não perfeita, por exemplo, as notas de matemática e estatística dos alunos:

Matemática (x_i)	Estatística (y_i)
6,0	5,0
9,0	10,0
7,0	8,0
9,0	8,0
10,0	10,0
4,0	3,0
2,0	3,0
9,0	9,0
6,0	5,0
5,0	6,0

O diagrama de dispersão é dado por:

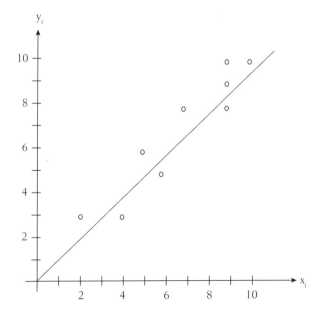

242 MATEMÁTICA FINANCEIRA E ESTATÍSTICA

Pode-se concluir que, pela formação do diagrama, trata-se de uma correlação retilínea, de modo a permitir o ajustamento de uma reta, sendo que a imagem da função é definida por: $y = a \times x + b$.

4.5. MEDIDAS DE REGRESSÃO E INTERVALOS DE PREVISÃO

4.5.1. Mínimos quadrados

Vamos calcular os valores dos parâmetros "a" e "b" com a ajuda das fórmulas:

$$a = \frac{n \times \Sigma(x_i \times y_i) - (\Sigma x_i) \times (\Sigma y_i)}{n \times \Sigma x_i^2 - (\Sigma x_i)^2}$$

e

$$b = y_m - a \times x_m$$

Onde:

"n" = número de observações:

$$x_m = \text{média dos valores de } x_i \Rightarrow \left(x_m = \frac{\sum x_i}{n} \right)$$

$$y_m = \text{média dos valores de } y_i \Rightarrow \left(y_m = \frac{\sum y_i}{n} \right)$$

4.5.1.1. Nota

Como estamos fazendo uso de uma amostra para obtermos os valores dos parâmetros, o resultado, na realidade, é uma estimativa da verdadeira equação de regressão. Sendo assim, escrevemos:

$$\hat{y} = a \times x + b$$

onde, "ŷ" é o 'y' estimado. Vejamos a tabela de valores:

Matemática (x_i)	Estatística (y_i)	$x_i \times y_i$	x_i^2
6,0	5,0	30	36
9,0	10,0	90	81

Capítulo 4 – Regressão e correlação **243**

Matemática (x_i)	Estatística (y_i)	$x_i \times y_i$	x_i^2
7,0	8,0	56	49
9,0	8,0	72	81
10,0	10,0	100	100
4,0	3,0	12	16
2,0	3,0	6	4
9,0	9,0	81	81
6,0	5,0	30	36
5,0	6,0	30	25
$\Sigma = 67$	$\Sigma = 67$	$\Sigma = 507$	$\Sigma = 509$

EXERCÍCIO:

01. A partir dos dados acima, obtenha a equação da reta de regressão e construa um gráfico para notas de matemática e estatística dos alunos.

Solução:

Primeiro passo: encontrar os parâmetros "a" e "b" e suas respectivas médias.

$$a = \frac{n \times \Sigma(x_i \times y_i) - (\Sigma x_i) \times (\Sigma y_i)}{n \times \Sigma x_i^2 - (\Sigma x_i)^2}$$

$$a = \frac{10 \times (507) - (67) \times (67)}{10 \times (509) - (67)^2}$$

$$a = \frac{5.070 - 4.489}{5.090 - 4.489}$$

$$a = \frac{581}{601}$$

$$a = 0,9667$$

Como:

$$x_m = \frac{\sum x_i}{n} \qquad y_m = \frac{\sum y_i}{n}$$
$$x_m = \frac{67}{10} \quad e \quad y_m = \frac{67}{10}$$
$$x_m = 6{,}7 \qquad y_m = 6{,}7$$

temos:

$b = y_m - a \times x_m$
$b = 6{,}7 - 0{,}9667 \times 6{,}7$
$b = 6{,}7 - 6{,}4769$
$b = 0{,}2231$

Segundo passo: determinar a equação da reta de regressão.
Onde temos: a = 0,97 e b = 0,22, assim:

$\hat{y} = 0{,}97 \times x + 0{,}22$

Terceiro passo: construir o gráfico, determinando dois de seus pontos.
$x = 0 \quad \Rightarrow \quad \hat{y} = 0{,}97 \times 0 + 0{,}22 = 0{,}22$
$x = 5 \quad \Rightarrow \quad \hat{y} = 0{,}97 \times 5 + 0{,}22 = 5{,}07$

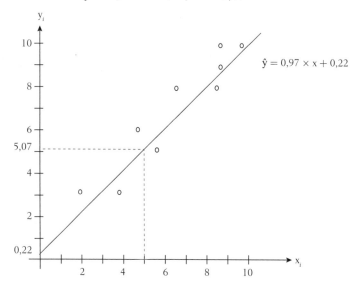

Capítulo 4 – Regressão e correlação **245**

4.5.2. Variação total

A variação total em torno de uma reta de regressão é a distância entre o valor médio de "y" e o valor analisado de cada "y", isto é, o somatório do quadrado dos desvios das observações "y" com relação ao valor da média "y". Ou seja:

Variação total $= \Sigma(y_i - y_m)^2$ (é sua medida estatística)

Exemplo:

Média $(y_m) = 6,7$

Matemática (x_i)	Estatística (y_i)	$(y_i - y_m)^2$
6,0	5,0	2,89
9,0	10,0	10,89
7,0	8,0	1,69
9,0	8,0	1,69
10,0	10,0	10,89
4,0	3,0	13,69
2,0	3,0	13,69
9,0	9,0	5,29
6,0	5,0	2,89
5,0	6,0	0,49
	$\Sigma = 67$	$\Sigma = 64,10$

Variação total $= 64,10$

Resposta: 64,10

4.5.3. Variação explicada

É a distância entre o valor médio de "y" e os valores estimados pelo modelo para cada "y", isto é, a soma dos quadrados das diferenças entre cada valor presumido de "y" e a média de "y". Ou seja:

Variação explicada $= \Sigma(\hat{y} - y_m)^2$ (é sua medida estatística)

246 MATEMÁTICA FINANCEIRA E ESTATÍSTICA

Exemplo:

Média $(y_m) = 6,7$

Matemática (x_i)	$\hat{y} = 0,97 \times x + 0,22$	$(\hat{y}_i - y_m)^2$
6,0	6,04	0,4356
9,0	8,95	5,0625
7,0	7,01	0,0961
9,0	8,95	5,0625
10,0	9,92	10,3684
4,0	4,1	6,76
2,0	2,16	20,6116
9,0	8,95	5,0625
6,0	6,04	0,4356
5,0	5,07	2,6569
		$\Sigma = 56,5517$

Variação explicada $= 56,5517$

Resposta: 56,552

4.5.4. Variação não explicada

É a distância entre os valores estimados pela reta e os valores analisados de "y"; isto é, a soma dos quadrados das diferenças entre o valor de "y" de cada par ordenado e cada valor de "y" presumido correspondente; ou seja:

Variação não explicada $= \Sigma(y_i - \hat{y})^2$ (é sua medida estatística)

Exemplo:

Estatística (y_i)	$\hat{y} = 0,97 \times x + 0,22$	$(y_i - \hat{y}_i)^2$
5,0	6,04	1,0816
10,0	8,95	1,1025

Capítulo 4 – Regressão e correlação 247

Estatística (y_i)	$\hat{y} = 0{,}97 \times x + 0{,}22$	$(y_i - \hat{y}_i)^2$
8,0	7,01	0,9801
8,0	8,95	0,9025
10,0	9,92	0,0064
3,0	4,1	1,21
3,0	2,16	0,7056
9,0	8,95	0,0025
5,0	6,04	1,0816
6,0	5,07	0,8649
		$\Sigma = 7{,}9377$

Variação não explicada $= 7{,}9377$

Resposta: 7,937

4.5.5. Coeficiente de determinação

É a razão entre a variação explicada e a variação total, ou seja:

$$r^2 = \frac{\text{Variação explicada}}{\text{Variação total}}$$

Nota: elevar o coeficiente de correlação ao quadrado.

Exemplo:

Variação explicada $= 56{,}552$

Variação total $= 64{,}10$

$$r^2 = \frac{56{,}552}{64{,}10}$$

$$r^2 = 0{,}882^2$$

Resposta: 77,79%.

Isso explica que 77,79% da variação de "y" podem ser explicados pela relação entre"x" e "y".

248 MATEMÁTICA FINANCEIRA E ESTATÍSTICA

4.5.6. Erro-padrão de estimativa (s_e)

Devemos lembrar que os estimadores são funções dos dados amostrais e variam, portanto, de amostra para amostra. Assim, genericamente, o erro-padrão é o desvio-padrão da distribuição dos estimadores em diversas amostragens. É o desvio-padrão dos valores "y" observados em torno do valor "ŷ" previsto para um dado valor "x". É dado por:

$$s_e = \sqrt{\frac{\sum (y_i - \hat{y}_i)^2}{n - 2}}$$

Onde "n" é o número de pares ordenados no conjunto de dados.

Exemplo:

$\hat{y} = 0,97 \times x + 0,22$

Matemática (x_i)	Estatística (y_i)	$\hat{y}$	$(y_i - \hat{y}_i)^2$
6,0	5,0	6,04	1,0816
9,0	10,0	8,95	1,1025
7,0	8,0	7,01	0,9801
9,0	8,0	8,95	0,9025
10,0	10,0	9,92	0,0064
4,0	3,0	4,1	1,21
2,0	3,0	2,16	0,7056
9,0	9,0	8,95	0,0025
6,0	5,0	6,04	1,0816
5,0	6,0	5,07	0,8649
			$\sum = 7,9377$

Solução:

Temos: $n = 10$ e $\sum (y_i - \hat{y}_i)^2$, então o erro-padrão da estimativa é de:

$$s_e = \sqrt{\frac{7,9377}{10 - 2}}$$

$$s_e = \sqrt{\frac{7,9377}{8}}$$

Capítulo 4 – Regressão e correlação **249**

$$s_e = \sqrt{0,9922}$$
$$s_e \approx 0,996$$

Resposta: 0,996

Logo, o erro-padrão da estimativa é de 0,996. Isso quer dizer que o desvio-padrão das notas de estatística para uma nota de matemática especifica é de cerca de 0,996.

4.6. REGRESSÃO MÚLTIPLA

A definição de regressão múltipla é igual àquela da análise de regressão simples, com exceção que, nessa, são utilizadas duas ou mais variáveis independentes, simultaneamente, para explicarem as variações da variável dependente. Existe um relacionamento linear entre uma variável dependente "y" e duas ou mais variáveis independentes (x_1, x_2, x_3. . . , x_k). Em uma regressão múltipla, a meta é minimizar a soma dos erros quadráticos. Cada coeficiente de inclinação é estimado enquanto se mantêm as outras variáveis constantes.

A equação de regressão múltipla tem a seguinte representação:

$$\hat{y} = b + a_1x_1 + a_2x_2 + \ldots + a_kx_k$$

Assim, temos:
k = número de variáveis independentes
y = valor predito da variável dependente "y"
x_1, x_2, x_3, . . , x_k = variáveis independentes
b = intercepto "y"
y = variável dependente.

Exemplo:

Um pesquisador deseja determinar a relação das vendas de uma rede de lojas de eletrodomésticos com o número de visitas diárias, a população local e a renda dessa população. Os dados foram coletados conforme a tabela a seguir:

250 MATEMÁTICA FINANCEIRA E ESTATÍSTICA

Vendas / mês (R$), y	Visita diária x_1	População local x_2	Renda / mês x_3
2.000	68	28.300	10.000
1.620	48	24.500	5.600
1.250	47	23.600	4.000
1.650	59	29.500	5.900
1.300	53	32.800	4.600
1.050	52	23.400	3.800
1.180	62	21.400	3.250
950	37	18.900	3.890

Usando os coeficientes fornecidos pela tabela acima, suponha que você está estimando um modelo de regressão com as seguintes estimativas:

$\hat{y} = 165{,}85698 + 5{,}45529 \times x_1 + 0{,}01154 \times x_2 + 0{,}12218 \times x_3$,

em que x_1 é visita diária à loja; x_2 a população local; x_3 a renda/mês da população e "y" as vendas/mês.

Admita os valores previstos para as variáveis independentes: $x_1 = 30$; $x_2 = 100$ e $x_3 = 70$.

Qual é o valor previsto de y?

Solução:

$\hat{y} = 165{,}85698 + 5{,}45529 \,(30) + 0{,}01154 \,(100) + 0{,}12218 \,(70)$

$\hat{y} = 339{,}22$

Resposta: o valor previsto para y é 339,22.

É importante que se faça uma interpretação correta dos coeficientes a_1, a_2 e a_3, pois, se houver um acréscimo de valor em x_1, x_2 ou x_3, bem como em todas as variáveis independentes, o valor de "y" também sofrerá aumento ou diminuição.

4.7. ANÁLISE DE REGRESSÃO E CORRELAÇÃO

A análise de regressão e correlação compreende a observação de dados amostrais para saber se e como um determinado conjunto de variáveis está relacionado com outra variável.

4.7.1. Análise de regressão

Análise de regressão é um método de modelagem utilizado para analisar a relação entre uma variável dependente 'y' e uma ou mais variáveis independentes $x_1, x_2, x_3, ..., x_n$. Essa relação é representada por um modelo matemático, ou seja, por uma equação que liga a variável dependente com as variáveis independentes. Esse padrão, designado por modelo de regressão linear simples, se exprime em uma relação linear entre uma outra variável dependente e independente. Se em vez de uma, forem reunidas várias variáveis independentes, o modelo passa a denominar-se modelo de regressão linear múltipla.

4.7.2. Análise de correlação

Aplica-se nas inferências estatísticas das medidas de associação linear que seguem:

- coeficiente de correlação simples: mede a "força" ou o "grau" de relação linear entre duas variáveis;
- coeficiente de correlação múltiplo: mede a "força" ou o "grau" de relação linear entre uma variável e um conjunto de outras variáveis.

Os métodos de análise de correlação e regressão estão intimamente ligados.

capítulo · 5

Números-índice

5.1. CONCEITO

O número-índice é uma razão entre o valor de uma variável em uma data e o valor dessa mesma variável em outra data. Tal razão se dá dividindo o valor da variável na data objetivada ou atual pelo valor dessa variável na data base. O resultado então é multiplicado por 100. Os índices mais usados geralmente apresentam variações de preço, de quantidade ou de valor. A fórmula de cálculo do número-índice é:

$$\text{Número-índice} = \frac{\text{Valor da variável na data considerada} \times 100}{\text{Valor da variável na data base}}$$

Exemplo:

Imagine o número de toneladas de soja produzidas por uma fazenda durante os anos de 2001 até 2006.

Ano	2001	2002	2003	2004	2005	2006
Quantidade (ton.)	110.000	118.000	124.000	130.000	142.000	150.000
Número-índice	100	107,27	112,73	118,18	129,09	136,36

O ano considerado base corresponderá sempre ao índice igual a 100. Os demais apresentarão, portanto, valores que flutuam em torno de 100. Você deve observar que os números-índice são, na prática,

254 MATEMÁTICA FINANCEIRA E ESTATÍSTICA

uma evolução percentual; entretanto, por convenção, não é usado o sinal de percentagem (%). Então, um índice de 140 significa 140%, mas escrevemos apenas 140.

5.2. CONSTRUÇÃO DE ÍNDICES SIMPLES E COMPOSTOS

Trata-se do número-índice mais simples. Relacionando-se o preço de um produto em uma época (chamada época atual ou época dada) com o de uma época (chamada básica ou simplesmente base), teremos um relativo de preço.

$$P_{(0, k)} = \frac{P_k}{P_0}$$

Onde:

P_0 = preço inicial (época base)

P_k = preço em uma época atual

$P_{(0, k)}$ = índice de preço

EXERCÍCIOS:

01. O preço de determinando produto custava, em dezembro de 2009, R$ 20,00; já em dezembro de 2010 subiu para R$ 25,00. Toma-se por base o ano de 2009. Determine o preço relativo em 2010.

Solução:

P_0 = R$ 20,00

P_k = R$ 25,00

$P_{(0, k)}$ = ?

$$P_{(0, k)} = \frac{25,00}{20,00} = 1,25$$

Resposta: 1,25

ou ainda:

$i\% = 1,25 - 1 = 25\%$

Capítulo 5 – Números-índice **255**

Esse resultado indica que houve um aumento no preço do produto de 25%, de dezembro de 2009 a dezembro de 2010.

02. Agora, se em dezembro de 2010 o preço do mesmo produto estivesse em R$ 15,00, qual seria o valor relativo? Consideraemos como base o valor do exercício anterior.

$$P_{(0,\,k)} = \frac{15,00}{20,00} = 0,75$$

Resposta: 0,75

ou ainda:

$i\% = 0,75 - 1 = -25\%$

Isso quer dizer que em 2010 o produto em questão apresentou um preço 25% inferior ao de 2009.

5.2.1. Construção de índice simples (relativa à quantidade)

De maneira análoga aos preços, também podemos fazê-la em relação a quantidades, sejam elas quantidades produzidas, vendidas ou consumidas. Assim, teremos a quantidade de um produto na época atual (Q_k) e a quantidade desse mesmo produto na época básica (Q_0). A quantidade relativa será o seguinte quociente:

$$Q_{(0,\,k)} = \frac{Q_k}{Q_0}$$

Onde:

$Q_{(0,\,k)} = $ índice de quantidade

EXERCÍCIO:

01. Uma empresa produziu 50 toneladas de aço em 2009 e 70 toneladas em 2010. Qual a quantidade relativa tomando por base o ano de 2009?

256　MATEMÁTICA FINANCEIRA E ESTATÍSTICA

Solução:

$$Q_{(0,k)} = \frac{70 \text{ ton.}}{50 \text{ ton.}} = 1,40$$

Resposta: 1,40

ou ainda:

$i\% = 1,40 - 1 = 40\%$

No ano de 2010 essa empresa teve um aumento na sua produção de 40% em relação a 2009.

5.2.2. Construção de índice simples (relativa a valor)

Temos P como o preço de determinado produto em certa época, e Q a quantidade produzida ou consumida desse mesmo produto na mesma época; então, o produto $P_0 \times Q_0$ será denominado valor total de produção ou de consumo. Sendo P_k e Q_k, respectivamente, o preço e a quantidade de um produto na época atual, e P_0 e Q_0 o preço e a quantidade do mesmo produto na época de base, definimos como total o valor relativo ou simplesmente valor relativo o quociente:

$$V_{(0,k)} = \frac{V_k}{V_0} = \frac{P_k \times Q_k}{P_0 \times Q_0} = P_{(0,k)} \times Q_{(0,k)}$$

$V_{(0,k)} = P_{(0,k)} \times Q_{(0,k)}$ (é conhecido como propriedade da reversibilidade dos fatores ou como critério da decomposição das causas)

EXERCÍCIO:

01. Uma empresa vendeu 2.000 unidades em 2009 de um produto, ao preço unitário de R$ 1.000,00. Em 2010, vendeu 3.000 unidades do mesmo produto ao preço unitário de R$ 1.200,00. Qual o valor relativo da venda em 2010?

Capítulo 5 – Números-índice **257**

Solução:

$$V_{(0,k)} = \frac{V_k}{V_0} = \frac{P_k \times Q_k}{P_0 \times Q_0}$$

$$V_{(0,k)} = \frac{R\$ \ 1.200,00 \times 3000}{R\$ \ 1.000,00 \times 2000}$$

$$V_{(0,k)} = \frac{R\$ \ 3.600.000,00}{R\$ \ 2.000.000,00} = 1,80$$

Resposta: 1,80

ou ainda:

$i\% = 1,80 - 1 = 80\%$

Em 2010 o valor das vendas foi 80% superior ao de 2009.

5.3. ÍNDICE AGREGATIVO PONDERADO

Como observamos, os índices simples demonstram algumas desvantagens, em particular quando se referem à inexistência de pesos variáveis para cada elemento que os compõe de acordo com sua importância relativa. Em contrapartida, os índices ponderados, além da fórmula usada para interpretar as variações de preço e de quantidade dos bens, há o critério de fixação dos pesos relativos de cada um deles.

Os dois principais modelos utilizados na construção de índices ponderados são: a fórmula de Laspeyres, também conhecida como método da época base, e a fórmula de Paasche, conhecida como método da época atual.

EXERCÍCIO:

01. Uma empresa vende três produtos diferentes, A, B e C, e resolveu fazer um levantamento dos anos de 2008, 2009 e 2010, para saber os índices ponderados relativos ao preço e à quantidade, conforme dados abaixo na tabela:

Produtos	2008		2009		2010	
	P (R$)	Q	P (R$)	Q	P (R$)	Q
A	1.000	1.000	1.100	900	1.050	950
B	1.100	700	1.200	600	1.150	650
C	1.200	500	1.300	400	1.250	450

Solução:

Utilizando a fórmula de Laspeyres ou método da época base:

$$L_{0,k} = \frac{\sum P_k \times Q_0}{\sum P_0 \times Q_0}$$

Onde:

P_k = preço atual

Q_0 = quantidade inicial (base)

P_0 = preço inicial (base)

$L_{(0,k)}$ = índice ponderado de Laspeyres

$$L_{(2008,\ 2009)} = \frac{(1.100 \times 1.000) + (1.200 \times 700) + (1.300 \times 500)}{(1.000 \times 1.000) + (1.100 \times 700) + (1.200 \times 500)} =$$

$$= \frac{2.590.000,00}{2.370.000,00} = 1,0928$$

Resposta: 1,0928

$$L_{(2008,\ 2010)} = \frac{(1.050 \times 1.000) + (1.150 \times 700) + (1.250 \times 500)}{(1.000 \times 1.000) + (1.100 \times 700) + (1.200 \times 500)} =$$

$$= \frac{2.480.000,00}{2.370.000,00} = 1,0464$$

Resposta: 1,0464

Quando queremos o relativo à quantidade, usa-se assim:

$$L_{(0,t)} = \frac{\sum Q_t \times P_0}{\sum P_0 \times Q_0}$$

Utilizando a fórmula de Paasche ou método da época atual:

$$P_{(0,t)} = \frac{\sum P_t \times Q_t}{\sum P_0 \times Q_t}$$

Capítulo 5 – Números-índice   259

Onde:

$P_{(0, k)}$ = índice ponderado de Paasche

$$L_{(2008,\ 2009)} = \frac{(1.100 \times 900) + (1.200 \times 600) + (1.300 \times 400)}{(1.000 \times 900) + (1.100 \times 600) + (1.200 \times 400)} =$$

$$= \frac{2.230.000,00}{2.040.000,00} = 1,0931$$

Resposta: 1,0931

$$L_{(2008,\ 2009)} = \frac{(1.050 \times 950) + (1.150 \times 650) + (1.250 \times 450)}{(1.000 \times 950) + (1.100 \times 650) + (1.200 \times 450)} =$$

$$= \frac{2.307.500,00}{2.205.500,00} = 1,0465$$

Resposta: 1,0465

Quando queremos o relativo à quantidade, usa-se assim:

$$P_{(0,t)} = \frac{\sum Q_t \times P_t}{\sum P_0 \times Q_t}$$

5.4. MUDANÇA DE BASE DE UM NÚMERO-ÍNDICE

Muitas vezes, as publicações metodológicas disponibilizam séries de números-índice com bases diferentes. Para utilizá-las corretamente, torna-se necessário compatibilizar suas bases.

Todo número-índice possui uma data base, ou seja, uma data que serve como referência para medir a variação no período. Para se fazer a mudança de uma série de números-índice que estão em uma base antiga "x" para uma nova base "y", basta aplicar uma simples regra de três, isto é:

Índice base = 100

Índice base anterior = X

$$X = \frac{\text{Índice base anterior} \times 100}{\text{Índice base}}$$

260 MATEMÁTICA FINANCEIRA E ESTATÍSTICA

Exemplo:

Calcule os números-índice de janeiro a junho de 2010, considerando o número-índice do INPC / IBGE da tabela abaixo, cuja base é dezembro de 2010, que é igual a 100.

Meses / 2010	Número-índice (base dez. / 2010 = 100)
janeiro	809,06
fevereiro	814,73
março	820,51
abril	826,50
maio	830,05
junho	829,41
julho	828,56
agosto	827,98
setembro	832,45
outubro	840,11
novembro	848,76
dezembro	853,86

Solução:

Observa-se que o índice base será igual a $100 = 853,86$ (dezembro/2010).

a) Número-índice do mês de janeiro/2010 com a nova base:

$853,86 = 100$

$809,06 = X$

$$X = \frac{809,06 \times 100}{853,86}$$

$X = 94,75$

b) Número-índice do mês de fevereiro/2010 com a nova base:

$853,86 = 100$

$814,73 = X$

$$X = \frac{814,73 \times 100}{853,86}$$

$X = 95,42$

Capítulo 5 – Números-índice **261**

c) Número-índice do mês de março/2010 com a nova base:
$$853,86 = 100$$
$$820,51 = X$$
$$X = \frac{820,51 \times 100}{853,86}$$
$$X = 96,10$$

d) Número-índice do mês de abril/2010 com a nova base:
$$853,86 = 100$$
$$826,50 = X$$
$$X = \frac{826,50 \times 100}{853,86}$$
$$X = 96,80$$

e) Número-índice do mês de maio/2010 com a nova base:
$$853,86 = 100$$
$$830,05 = X$$
$$X = \frac{830,05 \times 100}{853,86}$$
$$X = 97,21$$

f) Número-índice do mês de junho/2010 com a nova base:
$$853,86 = 100$$
$$829,41 = X$$
$$X = \frac{829,41 \times 100}{853,86}$$
$$X = 97,14$$

Nota: o procedimento é o mesmo para os demais meses.

5.5. ÍNDICE DE PREÇO AO CONSUMIDOR

É um instrumento de avaliação dos preços de um conjunto de bens e serviços, de qualidade constante, representativo da estrutura de consumo de uma determinada população em um determinado espaço geográfico.

262 MATEMÁTICA FINANCEIRA E ESTATÍSTICA

EXERCÍCIO:

01. Suponha que o IPC (Índice de Preço ao Consumidor) acumulado no 1º semestre de um determinado ano teve uma evolução conforme os dados apresentados abaixo, no período entre os meses de dezembro e junho do ano seguinte. Tomando como base dezembro, calcule a inflação do 1º semestre do ano, do 1º trimestre e do mês de junho.

Mês	dezembro	janeiro	fevereiro	março	abril	maio	junho
IPC	650,80	706,14	802,50	890,78	928,26	960,84	1.054,36

Solução:

Primeiro passo: calcular o semestre.

$$\text{Variação \% acumulada no semestre} = \left[\left[\frac{\text{Número-índice de junho}}{\text{Número-índice de dezembro}} \right] - 1 \right]$$

$$\text{Variação \% acumulada no semestre} = \left[\left(\frac{1.054,36}{650,80} \right) - 1 \right]$$

Variação % acumulada no semestre = 1,62 − 1 = 62,%

Portanto, a variação percentual acumulada no período foi de 62%.

Segundo passo: calcular o primeiro trimestre.

$$\text{Variação \% no trimestre} = \left[\left[\frac{\text{Número-índice de março}}{\text{Número-índice de dezembro}} \right] - 1 \right]$$

$$\text{Variação \% no trimestre} = \left[\left(\frac{890,78}{650,80} \right) - 1 \right]$$

Variação % no trimestre = 1,3687 − 1 = 36,87%

Portanto, a variação percentual no primeiro trimestre foi de 36,87%.

Terceiro passo: calcular o mês de junho.

$$\text{Variação \% de junho} = \left[\left(\frac{\text{Número-índice de junho}}{\text{Número-índice de maio}} \right) - 1 \right]$$

Capítulo 5 – Números-índice **263**

$$\text{Variação \% de junho} = \left[\left(\frac{1.054,36}{960,84}\right) - 1\right]$$

Variação % de junho = 1,0973 − 1 = 9,73%

Portanto, a variação percentual no mês de junho foi de 9,73%.

Respostas: 62%, 36,87% e 9,73%.

5.5.1. Nota

Observa-se que tais operações utilizam, sempre, o número-índice do mês imediatamente anterior ao do início do período em que se pretende obter a variação percentual acumulada e o número-índice do mês no qual se deseja finalizar o cálculo.

5.6. DEFLAÇÃO DE DADOS

Os aumentos dos preços resultam na diminuição do poder de compra ou baixa no valor da moeda. Devido a isso, a manutenção do poder de compra dos salários é um grande desafio, e motivo de muita preocupação dos trabalhadores nos países em que o valor da moeda está constantemente se desvalorizando.

Desse modo, mesmo que os salários nominais tenham aumentos com certa frequência, os salários reais podem estar diminuindo, tendo como seu causador o aumento do custo de vida, ou seja, a inflação, o que leva à redução do seu poder aquisitivo.

Exemplo:

Suponha que um trabalhador recebia R$ 1.200,00 de salário em dezembro de 2009, e o Índice de Preços de dezembro de 2009, tendo como base novembro, foi de 105,5%. Qual o valor real do salário em dezembro com base em novembro?

264 MATEMÁTICA FINANCEIRA E ESTATÍSTICA

Solução:

$$SR = \frac{S_k}{IP} \times 100$$

onde:

SR = salário real

S_k = salário atual

IP = índice de preço

$$SR = \frac{R\$\ 1.200,00}{105,5} \times 100$$

$$SR = R\$\ 1.137,44$$

capítulo · 6

Teoria da amostragem

6.1. CONCEITO

A teoria da amostragem estuda as relações existentes entre uma população e as amostras retiradas da mesma. É de grande utilidade para avaliação de grandezas desconhecidas da população, ou para demonstrar se as distinções observadas entre duas amostras são prováveis ao acaso ou se são seguramente expressivas.

6.2. OBJETIVO DA AMOSTRAGEM

O objetivo da amostragem é generalizar o exame do universo estudado, sem precisar utilizar todas as suas unidades. Enquanto um censo abrange o exame de todos os elementos de um dado conjunto, a amostragem abrange o estudo de apenas uma parte dos elementos do conjunto.

6.2.1. Amostra

A amostra é uma parte dos elementos selecionados de uma população estatística. Também é determinada como um subconjunto de uma população.

6.2.2. População

É o universo (ou conjunto) de todas as unidades de observação (pessoas, objetos ou eventos) para os quais se quer conhecer algum atributo ou apresentar uma solução.

266 MATEMÁTICA FINANCEIRA E ESTATÍSTICA

6.2.3. Amostra aleatória

É a amostra em que cada unidade de observação tem a mesma possibilidade de ser escolhida. Esse tipo de amostragem é equivalente a um sorteio de loteria. Por exemplo, obter uma amostra representativa de 10% dos estudantes de uma universidade para a pesquisa de desempenho.

6.3. VALOR ESPERADO

O valor esperado é uma das teorias mais importantes da estatística. O valor esperado de uma variável aleatória discreta é semelhante à média da variável aleatória. Ele representa o valor esperado ou mais provável de uma variável aleatória e é dado pelo somatório dos eventos ponderados a suas respectivas probabilidades.

6.4. TESTES DE HIPÓTESES

Um teste de hipótese é um procedimento que usa estatística amostral para testar uma alegação sobre o valor de um parâmetro populacional.

6.4.1. Teste de diferenças de médias

Muitos problemas devem ser decididos se uma diferença entre duas médias amostrais pode ser atribuída à chance, ou seja, à variabilidade amostral.

6.4.2. "Teste z" de duas amostras para verificar a diferença entre médias

Pode ser usado para testar a diferença entre duas médias populacionais $\mu_1 - \mu_2$ quando uma amostra grande (ao menos 30) for selecionada ao acaso de cada uma das populações e se tratar de amostras independentes. Temos a estatística de teste $x_{m1} - x_{m2}$, e a estatística padronizada:

Capítulo 6 – Teoria da amostragem 267

$$z = \frac{(x_1 - x_2) - (\mu_1 - \mu_2)}{\sigma_{x1-x2}}$$

Onde:

$$\sigma_{x1-x2} = \sqrt{\frac{\sigma_1^2}{n_1} + \frac{\sigma_2^2}{n_2}}$$

EXERCÍCIOS:

01. Uma empresa de pesquisa alega que há uma diferença entre a renda média das famílias de duas regiões, A e B, respectivamente, depois de um levantamento aleatório de 100 famílias de cada região, conforme tabela abaixo. As duas amostras são independentes. Os resultados certificam a alegação da empresa? Utilize $\alpha = 0{,}05$.

Região A	Região B
$x_1 = R\$ 4.000,00$	$x_2 = R\$ 5.000,00$
$S_1 = R\$ 800,00$	$S_2 = R\$ 1.000,00$
$n_1 = 100$	$n_1 = 100$

Solução:

Queremos saber a diferença entre as rendas médias das famílias das regiões A e B. As hipóteses nulas e alternativa são: $H_0: \mu_1 = \mu_2$ e $H_a: \mu_1 \neq \mu_2$ (alegação).

Aqui se trata de um teste bicaudal, em que o nível de significância é $\alpha = 0{,}05$ e os valores críticos são $- 1{,}96$ e $1{,}96$. Como as amostras são grandes, podemos usar s_1 e s_2 para calcular o erro-padrão.

$$\sigma_{x1-x2} = \sqrt{\frac{s_1^2}{n_1} + \frac{s_2^2}{n_2}}$$

$$\sigma_{x1-x2} = \sqrt{\frac{800^2}{100} + \frac{1.000^2}{100}}$$

$$\sigma_{x1-x2} \approx 128$$

Resposta: 128.

Utilizando o teste z, a estatística teste padronizada é:

$$z = \frac{(x_1 - x_2) - (\mu_1 - \mu_2)}{\sigma_{x1-x2}}.$$

$$z = \frac{(800 - 1.000) - 0}{128} \quad (\mu_1 - \mu_2 = 0, \text{ pois H estabelece que } \mu_1 = \mu_2)$$

$$z = -1,56.$$

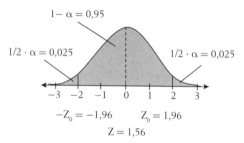

6.5. DETERMINAÇÃO DO TAMANHO DA AMOSTRA

À medida que o nível de confiança aumenta, o intervalo de confiança se amplia. Quanto mais se amplia o intervalo de confiança, a exatidão da estimativa diminui. Aumentando o tamanho da amostra, é possível aumentar a precisão de estimativa sem reduzir o nível de confiança.

A fórmula para cálculo do tamanho da amostra para uma estimativa confiável da média populacional μ é:

$$n = \left(\frac{Z_c \times \sigma}{E}\right)^2$$

Onde:
n = número de elementos da amostra
Z_c = valor crítico que corresponde ao grau de confiança desejado
σ = desvio-padrão populacional da variável estudada. Quando o n ≥ 30, o desvio-padrão amostral s pode ser usado em σ
E = erro máximo de estimativa

Capítulo 6 – Teoria da amostragem **269**

Níveis de confiança (c)	Valor crítico (Z_c)
90%	1,645
95%	1,96
99%	2,575

EXERCÍCIOS:

01. Um coordenador escolar deseja estimar a altura média dos alunos do ensino médio de uma escola. Conforme as alturas ordenadas abaixo, quantas alturas devem ser incluídas na amostra se ele quer 95% de confiança de que a média amostral esteja dentro do intervalo de uma sentença média populacional?

1,55	1,57	1,58	1,58	1,59	1,60	1,60	1,60
1,61	1,61	1,62	1,62	1,62	1,63	1,63	1,64
1,64	1,65	1,65	1,65	1,66	1,66	1,67	1,68
1,68	1,68	1,68	1,69	1,69	1,70	1,70	1,71
1,71	1,72	1,72	1,73	1,75	1,75	1,77	1,80
1,80	1,81	1,81	1,83	1,83	1,83	1,84	1,84

Solução:

Primeiro passo: encontrar a média.

$$x_m = \frac{\sum x}{n}$$

$$x_m = \frac{80,98}{48}$$

$$x_m \approx 1,69 \text{ m}$$

Segundo passo: encontrar o desvio-padrão.

$$s = \sqrt{\frac{\sum(x_i - x_m)^2}{n-1}}$$

$$s \approx 0,08 \text{ m}$$

Terceiro passo: é encontrar o erro máximo da estimativa. Utilizando os valores: 95% = Z_c = 1,96; σ ≈ s ≈ 0,08 e n = 48, tem-se:

$$E = Z_c \times \frac{\sigma}{\sqrt{n}}$$

$$E = 1,96 \times \frac{0,08}{\sqrt{48}}$$

E ≈ 0,02 m

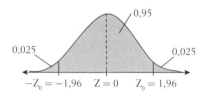

Tem-se uma confiança de 95% de que a estimativa máxima do erro para a média populacional tenha cerca de 0,02. O escore Z, que corresponde ao nível de confiança de 95%, é 1,96. Isso indica que 95% da área sob a curva normal padrão está dentro de 1,96 desvio-padrão da média. Tendo n = 48 ≥ 30.

Quarto passo: determinar o tamanho mínimo da amostra.

x_m ≈ 1,65

E ≈ 0,02

s ≈ 0,08

$$n = \left(\frac{Z_c \times \sigma}{E}\right)^2$$

$$n \approx \left(\frac{1,96 \times 0,08}{0,02}\right)^2$$

n = 61,47

Resposta: 62.

Quando for necessário, deve-se arredondar o resultado para se obter um número inteiro. Desse modo é preciso incluir pelo menos 62 alturas (m) de alunos na amostra. Como já se tem 48, então é necessário

Capítulo 6 – Teoria da amostragem **271**

acrescentar apenas 14 alturas (m). Podemos incluir mais elementos se assim desejarmos.

02. Um administrador deseja estimar a renda média para o primeiro ano de trabalho de um engenheiro. Quantos valores de renda devem ser tomados, se o administrador deseja ter 95% de confiança de que a média amostral esteja a menos de R$ 600,00 da verdadeira média populacional? Sabe-se que, em um estudo preliminar, o desvio-padrão é de R$ 6.500,00 para essas rendas.

Solução:

c = 95% de confiança

$Z_c = 1,96$

E = 600

$\sigma = 6500$

n = ?

Aplicando na equação, temos:

$$n = \left(\frac{Z_c \times \sigma}{E}\right)^2$$

$$n = \left(\frac{1,96 \times 6500}{600}\right)^2$$

n = 450,85

Resposta: 451 (arredondando para mais).

Portanto, para o primeiro ano de trabalho dos engenheiros, deve-se obter uma amostra de, pelo menos, 451 rendas, extraídas aleatoriamente. Com tal amostra, teremos 95% de confiança de que a média amostral x_m afaste-se em menos de R$ 600,00 da verdadeira média populacional μ.

6.6. TESTE QUI QUADRADO

O teste denominado "qui quadrado" – simbolizado por x^2 – é um exame de hipóteses que se destina a encontrar um valor da dispersão

272 MATEMÁTICA FINANCEIRA E ESTATÍSTICA

para duas variáveis nominais, avaliando a associação existente entre variáveis qualitativas.

As condições necessárias para aplicar o teste de independência qui quadrado são:

a) A frequência observada deve ser obtida usando uma amostra aleatória.

b) As observações devem ser dos tipos: frequência ou contagem.

c) Cada observação pertence somente a uma categoria.

d) A amostra deve ser relativamente grande, ao menos cinco observações.

Fórmula para medir as discrepâncias entre proporções observadas e esperadas:

$$x^2 = \sum \frac{(O - E)^2}{E}$$

Onde:

O = frequências observadas

E = frequências esperadas

x^2 = qui quadrado

(O − E) = desvio (*d*), portanto a fórmula também pode ser escrita como segue:

$$x^2 = \sum \frac{d^2}{E}$$

Percebe-se que as frequências observadas são obtidas diretamente dos dados das amostras, enquanto as frequências esperadas são calculadas a partir destas.

6.6.1. Hipóteses a serem testadas

O pesquisador trabalha com duas hipóteses:

- Hipótese nula: as frequências observadas não são distintas das frequências esperadas. Nem existe diferença entre as frequências (contagens) dos grupos. Porém, não há associação entre os grupos;

Capítulo 6 – Teoria da amostragem **273**

- Hipótese alternativa: as frequências observadas são distintas das frequências esperadas; todavia, existe diferença entre as frequências. Porém, há associação entre os grupos.

6.6.2. Aplicação

É necessário obter duas estatísticas, denominadas x^2 calculado e x^2 tabelado. As frequências observadas são obtidas diretamente dos dados das amostras, ao passo que as frequências esperadas são calculadas a partir destas. Assim, o calculado é obtido a partir dos dados experimentais, levando-se em consideração os valores observados e os esperados, tendo em vista a hipótese. Já o x^2 tabelado depende do número de graus de liberdade e do nível de significância adotado.

6.6.3. A tomada de decisão é feita comparando-se os dois valores de x^2

a) Quando x^2 calculado é maior ou igual a x^2 tabelado: rejeita-se H_o.

b) Quando x^2 calculado é menor a x^2 tabelado: aceita-se H_o.

EXERCÍCIO:

01. Suponha uma moeda não viciada sendo jogada 100 vezes na esperança de obter 50 caras e 50 coroas, sabendo-se que a probabilidade de cair cara (C) é $= 0,5$ e de cair coroa (K) é $= 0,5$. No entanto, na prática, é muito difícil obter valores observados e esperados idênticos, sendo comum achar valores que se desviam da teoria. Ela foi jogada 100 vezes e se obtiveram 40 caras e 60 coroas.

a) Qual o valor de x^2?

b) Como interpretar esse valor?

Solução:

As frequências esperadas em cada classe são calculadas por: $(p \times n)$.
Então:

Os valores esperados: cara = 50 e coroa = 50;
$E_{(CARA)} = (1/2) \times 100$
$E_{(COROA)} = (1/2) \times 100$

Os valores observados: cara = 40 e coroa = 60.

$$x^2 = \left[\frac{(40-50)^2}{50}\right] + \left[\frac{(60-50)^2}{50}\right]$$

$x^2 = 2 + 2 = 4$

$x^2 = 4$

Resposta a: 4.

Resposta b: como o valor de qui quadrado foi de 4 para 2 classes e maior que o esperado ao acaso: 3,841, aceita-se a hipótese alternativa e admite-se que a moeda seja viciada.

6.6.3.1. Nota

Tomando a área total sob a curva como 100%, sabe-se que o valor 3,841 delimita 5% dela. Esse é o valor crítico de qui quadrado conhecido como x^2. Portanto, espera-se, em experimentos semelhantes, que valores de x^2 e menores que 3,841 tenham 95% de probabilidade de ocorrência.

Sempre que o valor de x^2 for menor que 3,841, aceita-se a hipótese de igualdade estatística entre os números de observados e de esperados (H_0). Ou seja, admite-se que os desvios não são significativos.

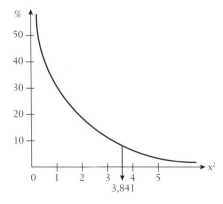

Capítulo 6 – Teoria da amostragem **275**

6.6.4. Usando a tabela

Contudo, é relevante perceber que esse raciocínio de decisão só é válido quando há duas classes possíveis de eventos. Como no exemplo da moeda, em que seu lançamento pode resultar em dois acontecimentos: cara ou coroa.

Todavia, se tivéssemos, por exemplo, lançado um dado, neste seriam seis classes possíveis. Sendo assim, como proceder? Deve-se consultar uma tabela de x^2 e lembrar que, nesse caso: G.L. = número de classes − 1. A tabela de qui quadrado mostra o número de graus de liberdade nas linhas e o valor da probabilidade nas colunas.

Na coluna referente a 5% de probabilidade, encontra-se o valor crítico de qui quadrado (x^2c), com o qual deve ser comparado o valor calculado de x^2.

					X²c			
GL	0,99	0,95	0,90	0,10	0,05	0,025	0,01	0,005
1	-	0,004	0,016	2,706	**3,841**	5,024	6,635	7,879
2	0,020	0,103	0,211	4,605	**5,991**	7,378	9,210	10,597
3	0,115	0,352	0,584	6,251	**7,815**	9,348	11,345	12,838
4	0,297	0,711	1,064	7,779	**9,488**	11,143	13,277	14,860
5	0,554	1,145	1,610	9,236	**11,071**	12,833	15,086	16,750

Aceita-se a hipótese de igualdade estatística entre os números de observados e de ... esperados (H_0). Os desvios não são significativos.	Rejeita-se H_0 e se aceita H_1. Os números de observações e esperados são estatisticamente diferentes. Os desvios são significativos.

6.7. DISTRIBUIÇÃO "T" STUDENT

A Distribuição "t", de *Student*, é essencialmente uma distribuição normal (com forma aproximada de um sino) para todas as amostras de tamanho 'n'. Através dela, determinamos os valores críticos $t_{\alpha/2}$ do intervalo de confiança, onde:

$$t = \frac{x_m - \mu}{s / \sqrt{n}}$$

Os valores críticos de t são revelados por t_c. A seguir, algumas propriedades da distribuição t:

a) Varia conforme o tamanho da amostra (n);
b) Tem forma geral simétrica, mas reflete a maior variabilidade esperada em pequenas amostras;
c) Tem média t = 0;
d) O desvio-padrão varia com o tamanho da amostra, mas é superior a 1;
e) Área total sob uma curva t é 1 ou 100%;
f) A média, mediana e moda da distribuição t são iguais a zero;
g) Quanto maior o "n", maior a aproximação em relação à distribuição normal. Para n > 30, podemos utilizar distribuição normal com valores críticos "z".
h) Condições de utilização:
   • Tamanho da amostra pequeno (n ≤ 30);
   • σ desconhecido;
   • População original tem distribuição essencialmente normal.

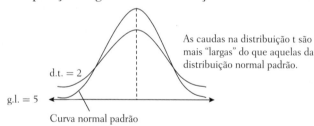

EXERCÍCIOS:

01. Determine o valor crítico t_c para 95% de confiança quando o tamanho da amostra for 20.

Solução:

Temos: n = 20
g.l. (grau de liberdade) = n − 1 ⇒ g.l. = 20 − 1 = 19

Capítulo 6 – Teoria da amostragem **277**

Vejamos através de parte da tabela o valor crítico, onde g.l. = 19 e
c = 0,95:

Nível de confiança (c)	0,50	0,80	0,90	0,95	0,98
monocaudal (α)	0,25	0,10	0,05	0,025	0,01
g.l. bicaudal(α)	0,50	0,20	0,10	0,05	0,02
1	1,000	3,078	6,314	12,706	31,821
2	0,816	1,886	2,920	4,303	6,965
...	...	...	...	...	...
18	0,688	1,330	1,734	2,101	2,552
19	0,688	1,328	1,729	2,093	2,539
20	0,687	1,325	1,725	2,086	2,528

Resposta: conforme a tabela, valor crítico $(t_c) = 2,093$.

02. Considere um teste de colisão de carros. Uma análise de
15 carros danificados resulta em um custo de conserto que parece
ter distribuição em forma de sino, com média de R$ 25.000,00 e
um desvio-padrão de R$ 15.000,00.

Determine:
a) a melhor estimativa pontual de μ (custo do conserto);
b) o intervalo de 95% de confiança.

Solução:

a) x_m = R$ 25.000,00
b) em uma amostra pequena (n ≤ 30) e desvio-padrão desconhecido; a distribuição é similar à distribuição normal. Podemos
observar na tabela a coluna 0,05 bicaudal e grau de liberdade
(n − 1). Onde: g.l. = 15 − 1 = 14; t_c = 2,145.

Logo:

$$E = t_c \times \frac{s}{\sqrt{n}}$$

$$E = 2,145 \times \frac{15.000}{\sqrt{15}}$$

E = R$ 8.307,55

$x_m - E < \mu < x_m + E$

R$ 25.000,00 − R$ 8.307,55 < μ < R$ 25.000,00 + R$ 8.307,55

R$ 16.692,45 < μ < R$ 33.307,55

Resposta: o intervalo de confiança dado: μ = R$ 25.000,00 ± R$ 8.307,55. Assim, com 95% de confiança, podemos afirmar que o custo médio de reparo está compreendido entre R$ 16.962,45 e R$ 33.307,55.

6.8. APROXIMAÇÃO NORMAL PARA DISTRIBUIÇÃO BINOMIAL

Aumentando-se o tamanho da amostra, a distribuição de probabilidade binomial se aproxima da normal, passando a mesma variável do tipo discreto a ter o mesmo tratamento que uma variável do tipo contínuo, com a média (μ) = n.p e o desvio-padrão $(\sigma) = \sqrt{n \times p \times q}$, onde:

$$Z = \frac{z - \mu}{\sigma}$$

6.9. PROPRIEDADES DE UM EXPERIMENTO BINOMIAL

a) n tentativas independentes;
b) dois resultados possíveis: sucesso ou insucesso;
c) a probabilidade de sucesso é p, a probabilidade de insucesso é $1 - p = q$;
d) p é constante para cada tentativa.

6.9.1. Nota

Quando np ≥ 5 e nq ≥ 5, pode-se usar a variável aleatória binomial "x", pois tem distribuição aproximadamente normal.

Capítulo 6 – Teoria da amostragem **279**

EXERCÍCIOS:

01. Admita o experimento binomial, onde $n = 20$; $p = 0,40$ e $q = 0,60$

Solução:

$np = (20) \times (0,40) = 8,0$

e

$nq = (20) \times (0,60) = 12,0$

Sendo np e nq maiores que 5, podemos usar a distribuição normal:

$\mu = 8,0$

e

$(\sigma) = \sqrt{n \times p \times q}$

$(\sigma) = \sqrt{20 \times 0,40 \times 0,60}$

$(\sigma) \approx 2,19$

Resposta: $\approx 2,19$ (para aproximar a distribuição de x).

02. No experimento binomial em que $n = 60$, $p = 0,92$ e $q = 0,08$, tem-se:

$np = (60) \times (0,92) = 55,2$

e

$nq = (60) \times (0,08) = 4,8$.

Resposta: 4,8 neste caso, nq < 5, portanto, não se pode usar a distribuição normal para aproximar a distribuição de x.

6.10. DISTRIBUIÇÃO F

Para verificar se duas populações independentes têm a mesma variância, é utilizada a estatística da relação das variâncias das amostras retiradas de duas populações, sendo que s_1^2 e s_2^2 representam as variân-

280 MATEMÁTICA FINANCEIRA E ESTATÍSTICA

cias amostrais diferentes. Se ambas são normais e as variâncias populacionais s_1^2 e s_2^2 são iguais, então a distribuição amostral de:

$$F = \frac{s_1^2}{s_2^2} \text{ é chamada de distribuição F.}$$

6.10.1. Propriedades

- A distribuição F é contínua e sempre positiva com valores no intervalo $(0, +\infty)$.
- A área total sobre cada curva de uma distribuição F é igual a 1.
- A distribuição F tem inclinação positiva (assimétrica positiva).
- Há uma família de distribuições F identificadas por dois parâmetros, graus de liberdade do numerador $g.l._N$ e graus de liberdade do denominador $g.l._D$.
- Os valores F são sempre maiores ou iguais a zero.
- Para todas as distribuições F, o valor médio de F é aproximadamente igual a 1.

EXEMPLO:

01. Determine o F crítico (F_c) da distribuição F com probabilidade de 5% na cauda superior de superar o valor do F crítico. Considere o número de $g.l._N = 6$ e o $g.l._D = 10$.

Solução:

Através de parte da tabela reproduzida, podemos encontrar o valor F crítico:

$g.l._D$: graus de liberdade do denominador	$\alpha = 0,05$							
	$g.l._N$: graus de liberdade do numerador							
	1	2	3	4	5	6	7	8
1	161,4	199,5	215,7	224,6	230,2	234,0	236,8	238,9
2	18,51	19,0	19,16	19,25	19,30	19,33	19,35	19,37

Capítulo 6 – Teoria da amostragem   **281**

g.l.$_D$: graus de liberdade do denominador	$\alpha = 0,05$							
	g.l.$_N$: graus de liberdade do numerador							
	1	2	3	4	5	6	7	8
...	...	...	...	...	...	...	...	...
9	5,12	4,26	3,86	3,63	3,48	3,37	3,29	3,23
10	4,96	4,10	3,71	3,48	3,33	3,22	3,14	3,07

De acordo com a tabela F $\alpha = 0,05$; g.l.$_N = 6$ e g.l.$_D = 10$, obtemos o valor $F_c = 3,22$.

Os valores que participam do F crítico:

$F_c(a; g.l._N; g.l._D) = F_c (0,05; 6; 10) = 3,22$.

6.11. TESTE DE DIFERENÇA ENTRE VARIÂNCIA

Consideremos duas amostras aleatórias: x_1, x_2,..., x_{n1} de tamanho n_1; e y_1, y_2,..., y_{n2} de tamanho n_2, com distribuições normais, mas agora com variâncias desconhecidas e diferentes, isto é, $\sigma_1^2 \neq \sigma_2^2$. Como as variâncias populacionais são desconhecidas, utilizaremos as variâncias amostrais s_1^2, s_2^2 em seus lugares. Consideremos a variável t, tal que:

$$t = \frac{(x_{m1} - y_{m2}) - (\mu_1 - \mu_2)}{\sigma_{x_{m1} - x_{m2}}} \sim t_v$$

Ou seja, toda variável t, dada pela equação acima, tem distribuição t de Student com v graus de liberdade, onde:

$$g.l.(v) = \frac{\left(\dfrac{s_1^2}{n_1} + \dfrac{s_2^2}{n_2}\right)^2}{\dfrac{\left(\dfrac{s_1^2}{n_1}\right)^2}{n_1 - 1} + \dfrac{\left(\dfrac{s_2^2}{n_2}\right)^2}{n_2 - 1}}$$

Construindo de modo semelhante ao caso anterior, obtemos o intervalo de confiança para diferença de duas médias com variâncias desconhecidas e diferentes.

282 MATEMÁTICA FINANCEIRA E ESTATÍSTICA

$$IC(\mu_1 - \mu_2, 1 - \alpha) = \left((x_m - y_m) - t_{(v,\alpha/2)} \sqrt{\frac{s_1^2}{n_1} + \frac{s_2^2}{n_2}}; (x_m - y_m) + \right.$$
$$\left. + t_{(v,\alpha/2)} \sqrt{\frac{s_1^2}{n_1} + \frac{s_2^2}{n_2}} \right)$$

EXERCÍCIOS:

01. Os dados a seguir são correspondentes ao resultado de um elemento indicador da qualidade de um determinado produto. Foram coletadas duas amostras referentes a dois métodos de produção. Calcule a média, a variância, os graus de liberdade e construa um intervalo de confiança, ao nível de 95%, para a diferença das médias dos dois métodos.

Método A	0,9	2,0	8,5	3,4	1,4	2,6	3,8	1,3	3,7	8,1
Método B	5,1	6,2	5,4	3,8	4,2	2,8	2,1	1,8	5,2	3,2

Solução:

Primeiro passo: encontrar as médias dos métodos.

Método A: $x_m = 3,57$

Método B: $y_m = 3,98$

Segundo passo: calcular as variâncias.

$$s_1^2 \sum_{i=1}^{10} \frac{(x_{i1} - x_m)^2}{9} = 7,26$$

$$s_2^2 \sum_{i=1}^{10} \frac{(x_{i2} - y_m)^2}{9} = 2,23$$

Terceiro passo: encontrar os graus de liberdade.

$$g.l.(v) = \frac{\left(\dfrac{7,26}{10} + \dfrac{2,23}{10} \right)^2}{\dfrac{\left(\dfrac{7,26}{10} \right)^2}{9} + \dfrac{\left(\dfrac{2,23}{10} \right)^2}{9}} = 13,97$$

Capítulo 6 – Teoria da amostragem **283**

Assim, na tabela de Distribuição t, de Student, obtemos $t_{13,\ 0,025} =$ 2,160. Então temos:

$$IC(\mu_1 - \mu_2, 1 - \alpha) = \left[(3,57 - 3,98) - 2,16\sqrt{\frac{7,26}{10} + \frac{2,23}{10}} ; \right.$$

$$\left. (3,57 - 3,98) + 2,16\sqrt{\frac{7,26}{10} + \frac{2,23}{10}} \right)$$

$IC(\mu_1 - \mu_2, 1 - \alpha) = (- 0,41 - 2,16\ (0,9742);\ - 0,41 + 2,16\ (0,9742))$

$IC(\mu_1 - \mu_2, 1 - \alpha) = (- 2,51;\ 1,69)$

Limite inferior: $- 0,41 - 2,10 = - 2,51$
Limite superior: $- 0,41 + 2,10 = 1,69$
$P(- 2,51 < \mu 1 - \mu 2 < 1,69) = 0,95$

Respostas:

$x_m = 3,57;$
$y_m = 3,98;$
Variância $(V_1) = 7,26;$
Variância $(V_2) = 2,23;$
g.l. $(v) = 13,97;$
Intervalo: $P(- 2,51 < \mu 1 - \mu 2 < 1,69) = 0,95.$

02. Dez animais adultos criados em laboratório foram escolhidos aleatoriamente, separados em dois grupos: um foi tratado com ração normalmente usada no laboratório (padrão) e o outro grupo foi submetido a uma nova ração (experimental). Os animais foram pesados no início e no final do período de duração do experimento. Os ganhos de peso (em gramas) observados foram os seguintes:

Ração experimental	200	210	220	225	215
Ração padrão	200	180	195	190	185

Calcule a média, a variância, os graus de liberdade e construa um intervalo de confiança, no nível de 99%, para a diferença entre as médias das duas populações.

284 MATEMÁTICA FINANCEIRA E ESTATÍSTICA

Solução:

Primeiro passo: encontrar as médias dos métodos.

Ração experimental: $x_m = 214$

Ração padrão: $y_m = 190$

Segundo passo: calcular as variâncias.

$$s_1^2 \sum_{i=1}^{10} \frac{(x_{i1} - x_m)^2}{9} = 92,5$$

$$s_2^2 \sum_{i=1}^{10} \frac{(x_{i2} - y_m)^2}{9} = 62,5$$

Terceiro passo: encontrar os graus de liberdade.

$$\text{g.l (v)} = \frac{\left(\dfrac{92,5}{5} + \dfrac{62,5}{5}\right)^2}{\dfrac{\left(\dfrac{92,5}{5}\right)^2}{4} + \dfrac{\left(\dfrac{62,5}{5}\right)^2}{4}} = 7,71 \approx 8$$

Estimativas:

Experimental	Padrão
$x_m = 214$	$y_m = 190$
$s_1^2 = 92,5$	$s_2^2 = 62,5$
$n_1 = 5$	$n_2 = 5$

$$s^2 = \frac{s_1^2(n_1 - 1) + s_2^2(n_2 - 1)}{(n_1 - 1) + (n_2 - 1)}$$

$$s^2 = \frac{92,5(5 - 1) + 62,5(5 - 1)}{(5 - 1) + (5 - 1)}$$

$$s^2 = 77,5$$

Assim, na tabela de Distribuição t, de Student, obtemos $t_{8,\,0,005} = 3,355$. Então temos:

Capítulo 6 – Teoria da amostragem **285**

$$IC(\mu_1 - \mu_2, 1 - \alpha) = (x_m - y_m) \pm t_{(v,\alpha)} \sqrt{\frac{1}{n_1} + \frac{1}{n_2} s^2}$$

$$IC(\mu_1 - \mu_2, 1 - \alpha) = (214 - 190) \pm 3,355 \sqrt{\frac{1}{5} + \frac{1}{5} 77,5}$$

$IC(\mu_1 - \mu_2, 1 - \alpha) = 24 \pm 18,68$

Limite inferior: $24 - 18,68 = 5,32$

Limite superior: $24 + 18,68 = 42,68$

$P(5,32 < \mu_1 - \mu_2 < 42,68) = 0,99$

Respostas:

$x_m = 214;$

$y_m = 190;$

Variância $(V_1) = 92,5;$

Variância $(V_2) = 62,5;$

g.l. $(v) = 7,71$

Intervalo: $P(5,32 < \mu_1 - \mu_2 < 42,68) = 0,99$

Referências

ASSAF NETO, Alexandre. *Matemática financeira e suas aplicações*. 7. ed. São Paulo: Atlas, 2002. 436 p.

CRESPO, Antônio Arnot. *Matemática comercial e financeira*: fácil. 13. ed. São Paulo: Saraiva, 2005. 238 p.

CONSELHO FEDERAL DE CONTABILIDADE. *Exame de suficiência*: anteriores. Disponível em: <http://www.cfc.org.br/conteudo.aspx?codMenu=46>. Acesso em: 10 set. 2011.

CONSELHO REGIONAL DE CONTABILIDADE DE SÃO PAULO. *Exame de suficiência*. Disponível em: <http://www.crcsp.org.br/>. Acesso em: 12 set. de 2011.

FUNDAÇÃO GETÚLIO VARGAS. *Disponibilidade interna*: indicadores. Disponível em: <http://portalibre.fgv.br/main.jsp?lumPageId=402880811D8E34B9011D9CCC6A177934&contentId=40288081229A67AB0122A3D6F65C441F>. Acesso em: 5 set. 2011.

HAZZAN, Samuel; POMPEO, José Nicolau. *Matemática financeira*. 6. ed. São Paulo: Saraiva, 2007. 314 p.

ÍNDICE NACIONAL DE PREÇO AO CONSUMIDOR. *INPC*. Disponível em: <http://www.portalbrasil.net/inpc.htm>. Acesso em: 1º set. 2011.

INSTITUTO BRASILEIRO DE GEOGRAFIA E ESTATÍSTICA. *Indicadores*. Disponível em <http://www.ibge.gov.br/home/estatistica/indicadores/precos/inpc_ipca/defaultinpc.shtm>. Acesso em: 6 set. 2011.

LARSON, Ron; FARBER, Betsy. *Estatística e métodos quantitativos*. 2. ed. São Paulo: Person Prentice Hall, 2007. 476 p.

288 MATEMÁTICA FINANCEIRA E ESTATÍSTICA

PAIVA, Manoel. *Matemática*: volume único. 2. ed. São Paulo: Moderna, 2003. 418 p.

PUCCINI, Abelardo de Lima. *Matemática financeira*: objetiva e aplicada. 6. ed. São Paulo: Saraiva, 2000. 440 p.

VIEIRA SOBRINHO, José Dutra. *Matemática financeira*. 7. ed. São Paulo: Atlas, 2000. 409 p.

GRÁFICA PAYM
Tel. (011) 4392-3344
paym@terra.com.br